Was ist schon eine Woche?

Von

Horst Jacobi

Vorwort

Nach mehreren gescheiterten Anläufen eines meiner Bücher bei einem Verlag unterzubringen, versuche ich mich wahrscheinlich etwas überzeichnet, mit diesem Werk in das Denken und Handeln eines Verlagslektors hineinzuversetzen.

Eine Woche mit Eckehard Sternheim, so heißt der Lektor, verdeutlicht dessen unentwegte Bemühungen aus vielen eingesandten Manuskripten bzw. Leseproben unterschiedlichsten Genres, eine Neuentdeckung für den Verlag zu machen.

Sein aufopferungsvolles Engagement erstreckt sich über den ganzen Tag bis in die Nacht hinein.

Das sich selbst auferlegte Arbeitspensum und seine Lebensweise gehen auch an Sternheim nicht spurlos vorüber. Sich so seiner Aufgabe zu widmen heißt auch, irgendwann dieser Tribut zollen zu müssen.

Nachdem ich dieses Buch geschrieben habe, sehe ich weiteren Absagen von Verlagen wesentlich gelassener entgegen als bisher.

HJ

Was ist schon eine Woche?

Seine kleine zierliche Gestalt. Sein Auftreten. Vielleicht auch seine Frisur. Ein trauriger Mittelscheitel, gezogen durch dünnes blondes Haar. Sein immer blasses Gesicht. Oder was auch immer, ließ ihn recht unscheinbar, ja äußerst unauffällig durchs Leben gehen.

Er wurde fast nicht zur Kenntnis genommen und nahm sich wahrscheinlich deshalb selbst kaum wahr. Sein Umfeld interessierte ihn lediglich existentiell. Wenn ihn jemand mit seinem Namen ansprach, dann sah er sich meist um und fragte sich, wer wohl gemeint war, da sich außer ihm niemand in der Nähe befand. Dass man ausgerechnet ihn meinte, konnte er sich in seinem tiefsten Inneren grundsätzlich nicht vorstellen. Warum auch? Wenn irgendwer Kontakt zu ihm suchte, dann musste er dies schon mehr als deutlich zum Ausdruck bringen. Am besten man hielt ihn am Ärmel seiner Jacke fest und fing erst dann mit ihm zu sprechen an. Diese Methode barg zumindest eine gewisse Chance in sich, eine Reaktion von ihm zu erfahren. Meistens reagierte er dann mit, „Sternheim, Eckehard Sternheim".
Sich Vorstellen war vermutlich ein natürlicher Reflex, um sich persönlich in die gegenwärtige Situation einzubringen.

Seine Welt waren Bücher. In diese war er im laufe der Jahre mehr und mehr versunken. Der Tag begann und endete mit ihnen. Zum Glück bot die Nacht weiteren Platz um das Gelesene besser zu verstehen und quasi als Film erneut zu betrachten. Ihn als Träumer zu bezeichnen läge nahe, wäre aber sicher nicht zutreffend. Vielmehr war er ein Mensch der sich absolut in seine Arbeit vertiefte und hundertprozentig mit dieser identifizierte.

Als Neffe des Verlegers eines großen Buchverlags hatte er das Privileg als Verlagslektor, in einem eigenen, wenn auch kleinen Büro arbeiten zu können. Das schützte seine Kollegen, die nebenan in einem Großraumbüro an Schreibtischen saßen, vor ihm und seinen Eigenheiten ebenso, wie ihn vor diesen. Sein häufig eigenartiges Verhalten war den anderen Lektoren natürlich nicht entgangen.

Seit er vor etwa fünf Jahren den Bestsellerautoren Bruno Waxmann, „Im Schatten der Sphinx", entdeckt hatte, der dem Verlag bisher über eine Million verkaufter Exemplare bescherte, genoss er nicht nur wegen seiner Abstammung einen gewissen Sonderstatus. Will heißen, er stand seitdem nicht mehr unter Erfolgsdruck. Vielmehr konnte er schalten und walten wie es ihm beliebte.

Montag

An diesem Montag war er kurz vor Mittag im Büro erschienen. Er geruhte meistens den Vormittag im Bett zu verbringen, um sich von den Gedanken der vergangenen Nacht, soweit möglich, zu erholen. Nach drei Tassen Kaffee war er innerlich bereit, seine Arbeit zu beginnen. Aus einem vor ihm liegenden Stapel zog er nach dem Zufallsprinzip ein Manuskript heraus.

„Schicksalsmelodie"

Der Zusammenfassung des Manuskripts entnahm er, dass ein Junge im Alter von drei Jahren einen Mord an seiner Mutter beobachtete, während gleichzeitig ein gewisses Musikstück im Radio lief. Dieses führte in seinem weiteren Leben immer zu starken Wut- und Gewaltausbrüchen wenn er es, wo auch immer, zu hören bekam. Das Ganze eskalierte darin, dass er schließlich den Komponisten umbrachte. Obwohl er das nach Auffassung Sternheims stilgerecht bewerkstelligte, indem er ihn mit einer Gitarrensaite strangulierte, empfand er für dieses Werk keine weiteren Sympathien.
Deshalb legte er es, ohne der beiliegenden Leseprobe auch nur einen Blick zu gönnen, sanft in das rechts vor ihm auf dem Schreibtisch stehende Körbchen mit der Aufschrift, „Postausgang/Absagen".
Dieser Handgriff hatte für ihn, der Bücher oder auch Geschriebenes aller Art über alles liebte, immer etwas Endgültiges. So als ob man jemanden beerdigte, der noch gar nicht geboren war. Und bei dieser mystischen Handlung war er der Hauptakteur. Schon verrückt, dachte er sich manchmal.
Seine Sinne befreiten sich endgültig von der verhängnisvollen Melodie, dem unglücklichen Komponisten und dem weiterhin unentdeckten Schriftsteller. Mit der linken Hand griff er sich das nächste Kuvert und entschied sich gleich für die Leseprobe.

„Profis in Singapur"

Die Nacht war hereingebrochen über Singapur. Es war nahezu unerträglich schwül. Normal für einen Abend Ende März. Bei Murphys, einer Bar unterhalb des Orchard Hotels am Ende der Orchard Road, war schwer was los. Kein Wunder, es war Happy Hour. Zwei für einen, zu ordern bis zwanzig Uhr. Die einfachen Holztische waren voll mit Gläsern und Snacks. Die davor stehenden Bänke und Stühle bis auf den letzten Platz besetzt. Die meist englisch sprechenden Gäste alle gut drauf, obwohl es erst kurz vor neunzehn Uhr war. Der Geräuschpegel in dem etwas unter der Straße gelegenen Biergarten übertönte den Verkehrslärm oben mit Leichtigkeit. Das aus allen sozialen Schichten und Nationalitäten stammende Publikum war entsprechend unterschiedlich gekleidet. Verschwitzte T-Shirts und elegante Anzüge saßen Schulter an Schulter und hatten alle ein gemeinsames Ziel. Dieser verdammt schwülen Hitze nach Feierabend mit ein paar kalten Drinks Paroli zu bieten. Sie erfuhren dabei Unterstützung durch den Wirt, der dieses Unterfangen, für welches er großes Verständnis hatte, jeden Abend bis zwanzig Uhr durch eine Ermäßigung von 50 Prozent subventionierte.

An einem Dreiertisch saßen zwei kräftige, untersetzte, mit Muscle-Shirts gekleidete Männer und ein Anzugträger. Zweifellos Europäer, die englisch sprachen. Der mit dem Anzug orderte gerade einen weiteren Gin Tonic. Die zwei anderen blieben beim Tiger Brew.
„Das Spiel ManU gegen Bayern gestern war gar nicht so schlecht".
Der zweite Ärmellose nickte.
„Der Elfmeter war trotzdem Beschiss"!
„Stimmt den Schiedsrichter hätte man noch auf dem Platz umlegen sollen"!
„Genau, so wie die das in Kolumbien machen. Nicht lange fackeln, sondern Ende, küss die Hände".
„Richtig, was glaubst du wie schnell dann die Schieberei ein Ende hätte".
Die zwei Fußballexperten nahmen einen tiefen Zug aus ihren Biergläsern. Der Mann mit dem Longdrink wirkte etwas abwesend, in sich versunken.

„Noch mal zwei Tiger und ein paar von diesen scharfen Chicken Wings mit Chips"!
„Geht klar Mann".
Die Kellnerin war fix. Das musste auch so sein bis um Acht.

„Was sagst du dazu, Manu will jetzt 20 Millionen für diesen Brasilianer bezahlen"?
„Was glaubst du, macht der Typ dann mit der ganzen Kohle"?
„Weiß nicht. Saufen und all solche Sachen dürfen die ja nicht. Wahrscheinlich Weiber, aber das geht auch auf die Kondition".
„Wahrscheinlich sind's doch die Weiber. Siehe Tiger Woods. Trotzdem, egal wie einer gebaut ist, soviel kann man doch sein ganzes Leben nicht verstoßen. Selbst wenn man bis 100 kann".
Die Biertrinker lachten bei diesem Gedanken und hauten sich vor Freude auf die Oberschenkel. Ihr Tischnachbar schloss sich mit einem gequälten Lächeln an und nuckelte an seinem Longdrink. Er schaute nervös auf seine Armbanduhr.
„Schon gut, wir wissen bescheid, Punkt neunzehn Uhr dreißig".
Das frische Bier und die Hähnchenteile wurden in Angriff genommen. Schließlich leckten sie sich ihre Finger ab, leerten ihre Gläser und standen vom Tisch auf.
„Vergessen sie nicht vor 20 Uhr noch ein paar Runden zu ordern, wir haben sicher mächtig Durst wenn wir zurückkommen".
Der Anzugträger zog seine Jacke, in deren Achselhöhlen sich bereits große Schweißflecke gebildet hatten aus und nickte zustimmend.

Q

Es war gegen halb neun als die zwei wieder am Tisch Platz nahmen.
„Du willst also am kommenden Wochenende tatsächlich wieder auf ManU setzen"?
„Logisch, die werden schon wieder mal gewinnen. Die Quote stimmt ja auch".
„Bring mal noch zwei, nein besser vier Bier"!
„Sind im Anmarsch"!
Der auf sie gewartet hatte, nahm einen tiefen Schluck aus seinem Glas. Ihn fröstelte plötzlich.

Seine zwei Tischnachbarn prosteten sich und ihm zu. Einer von ihnen fing an seine rechte Hosentasche auf den Tisch auszuleeren. Ein Schlüsselbund, ein Handy, ein paar Münzen und ein goldener Ring. Diesen schob er wie zufällig neben das Gin Tonic Glas seines Gegenübers.

„Den wollten sie doch als Beweis".

„Es ist ihrer. Ich erkenne es an der Gravur. Für Lilly".

Mit diesen Worten holte der Anzugträger aus der Jackenbrusttasche ein dickes Kuvert, das er den Beiden zuschob.

„Gute Arbeit. Damit das klar ist. Wir haben uns nie gesehen und werden uns nie wieder sehen".

Mit diesen Worten stand er auf und verließ grußlos den Tisch.

Q

Die Muscle-Shirt-Träger waren allein. Das Handy auf dem Tisch in Betrieb. Eine Hand griff danach.

„Sie haben es selbst gehört Lilly. Der Rest wie besprochen".

Die Hand drückte auf die Aus-Taste.

„Noch zwei Tiger"!

„Sie war zu sympathisch. Und dann die Titten"!

„Eindeutig zu schön um zu sterben. Dann schon lieber der traurige Schweißfleck, der gerade neben uns saß".

„Außerdem bezahlt sie das Doppelte".

Q

Der Lektor lehnte sich in seinem Arbeitsstuhl zurück und zog die rechte, mittlere Schublade seines Schreibtisches auf. Eine Flasche Wodka kam zum Vorschein, aus welcher er einen großen Schluck nahm.

Auch während der Arbeit zu Trinken, hatte er sich im Laufe der Jahre seiner Tätigkeit angewöhnt. Eigentlich unumgänglich, bei dem Stoff den er täglich konsumieren musste. Situationen, Stimmungen, Schilderungen aller Lebenslagen. Ihm fehlte einfach die nötige Härte, um dies alles aus der nötigen Distanz sehen zu können.

Vielmehr brachte er sich Zusehens mehr und mehr persönlich ein und erlebte nicht nur, sondern lebte häufig auch das Gelesene.

Sternheim ließ die Eindrücke des Manuskriptausschnittes noch einmal Revue passieren. Er war sich nicht ganz schlüssig, ob er weiterlesen sollte. Was folgte, konnte er sich eigentlich denken. Nach einem weiteren Drink, den er gedanklich in der Gesellschaft der Singapur Leute zu sich nahm, hatte er sich entschieden. Er nahm Abschied von Asien und somit auch vom erfolglosen Autor. Seine Lippen formten fast zärtlich das Wort Postausgang, während das Manuskript dort landete.

Ein Blick auf seine Armbanduhr verriet ihm, dass es schon neunzehn Uhr war. Er zögerte. Gut, noch ein Versuch.
Seine linke Hand griff das nächste Exposé mit dazugehöriger Leseprobe. Eine fast schon automatisierte Bewegung die definitiv etwas einleitete, was Erfolg oder Misserfolg nach sich ziehen konnte. Deshalb führte er diese Handbewegung immer bewusst bedächtig aus. Bei der rechten Hand, die sich immer nur in Richtung Postausgang/Absagen bewegte, war es dagegen etwas Endgültiges, zumindest seinen Verlag betreffend. Und der war schließlich seine Welt.

Q

„Cäsar"

Peter Harms beendete seine Schicht als Schweißer auf einer Bremer Werft. Er duschte sich nur oberflächlich. Er war einfach physich und psychisch zu fertig, um sich einer ausgiebigeren Körperpflege hingeben zu können.
Nach dem verlassen des Werftgeländes steuerte er eine kleine Kneipe an, die lediglich zwei Straßen entfernt lag. Dort hingen viele Hafenarbeiter nach Feierabend ab. Um deren Gesellschaft ging es ihm aber nicht. Vielmehr nutzte er die Geräuschkulisse der Kneipe und den Alkohol dazu, um die Erinnerungen an die letzten Tage und

Wochen systematisch zu überlagern, beziehungsweise zuzuschütten. Heute gelang ihm das mal wieder nicht so gut, obwohl er schon fünf Bier intus hatte.

Missmutig machte er sich auf den Heimweg zu seiner Wohnung. In der wartete niemand als dieser Köter auf ihn. Das Einzige was ihm seine Frau außer Schulden zurückgelassen hatte, nachdem sie mit einem Neger durchgebrannt war. In einem Supermarkt kaufte er noch eine Dose Hundefutter. Verhungern konnte er ihn auch nicht lassen. Obwohl es ihm gegen den Strich ging, auch noch Geld für die Töle ausgeben zu müssen. Er riss sich auf der Werft den Arsch auf, während Cäsar, so hieß der Labrador, den ganzen Tag in der Zweizimmerwohnung herumhing und vor sich hinfurzte. Er konnte allmählich dieses Furzgeräusch und vor allem den Gestank nicht mehr ertragen. Sicher hatte die Trennung von seinem Frauchen welches ja unbedingt einen Hund haben musste und der zu geringe Auslauf, bei diesem nervöse Darmstörungen zur Folge. Aber dafür war schließlich nicht er verantwortlich.

Q

Wie jeden Abend wenn er die Wohnung betrat, wartete Cäsar schon hündisch winselnd und Schwanz wedelnd, hinter der Tür. Harms „hau ab!", hatte ein Knurren des Hundes zur Folge, gleichzeitig ließ er einen fahren. Das führte dazu, dass ihm sein Herrchen einen kräftigen Tritt versetzte. Jaulend zog sich Cäsar in das Wohnzimmer zurück.

Nach einiger Zeit folgte ihm Harms mit einem Napf Hundefutter, welchen er ihm mit dem Fuß zuschob. Cäsar machte sich über das Fressen her, während sein Herr und Gebieter mit einer Flasche Bier in der Hand, auf der Couch vor dem Fernseher platz genommen hatte.

Ein neuerlicher Furz, vielleicht auch durch die einseitige Nahrung bedingt, die Harms dem Hund bot, ließ ihn aufschrecken.

„Verdammt", schrie er, während er zum Fenster ging und dieses öffnete.

Er hatte gerade wieder seinen Posten vor dem Fernseher bezogen, da hörte er ein schmatzendes Geräusch. Fraß der Köter immer noch, ging es ihm durch den Kopf? Langsam wendete er diesen in

Richtung Cäsar. Zornesröte stieg in ihm auf. Das war doch nicht zu fassen. Da lag diese Töle, zu einem U zusammengerollt, hatte einen riesigen Ständer und leckte sich einen.

„Das hat dir wohl noch dein Frauchen, diese Drecksau beigebracht, du verfluchter Köter. Jetzt ist Schluss mit Lustig!"

Hasserfüllt warf er seine halbvolle Bierflasche nach dem Hund, den er nur knapp verfehlte. Dafür hinterließ der Wurf eine große Schramme und einen hässlichen Fleck an der Wand, die er getroffen hatte. Cäsar war inzwischen unter die Couch geflüchtet.

„Komm raus du Dreckschwein. Jetzt wird mir erst richtig klar, was hier die letzten Wochen gelaufen ist!"

Der Hund dachte nicht daran sich blicken zu lassen.

Mit einem Besen stocherte nun der bis aufs Blut gereizte Schweißer und betrogene Ehemann, während er laut schreiend übelste Schimpfworte von sich gab, in Richtung Cäsar unter der Couch herum. Dieser wiederum, wahrscheinlich mehrmals vom Besenstiel getroffen, heulte, kläffte und winselte so laut und erbärmlich, dass im Zusammenspiel mit den Schreien seines Herrchens das ganze Haus rebellisch wurde. Bald klopfte es energisch von oben und unten an Decke und Boden. Schließlich begann noch jemand an der Wohnungstür Sturm zu klingeln. Es war nur noch eine Frage der Zeit, bis die Polizei erscheinen würde. Derweil verteidigte Cäsar zwar heulend, aber trotzdem tapfer, seine Position unter dem Kanapee.

Q

Sternheim war aufgestanden und hatte das Fenster seines Büros geöffnet. Die Luft war plötzlich so stickig, der Raum so eng. Er hatte das Gefühl dieser Situation unbedingt entfliehen zu müssen. Nicht dass er Hundeliebhaber war, nein es war etwas anderes. Der enge Raum unter der Couch stellte eine gewisse Parallelität zu seinem Leben dar. Im Gegensatz zu diesem Hund konnte er jederzeit ausbrechen. Aber er wollte das nicht, denn er hatte sich seinem Schicksal ergeben. Dem wurde er sich in diesem Moment überdeutlich bewusst. Die frische Luft tat ihm gut. Er goss sich noch ein Glas Wodka ein. Immer wieder am Glas nippend und seinen Gedanken nachhängend ließ er den Arbeitstag auslaufen.

Bevor er das Büro verließ warf er unschlüssig noch einen Blick auf die Leseprobe mit Cäsar. Wie sollte er sich entscheiden? Schließlich vertagte er seine Entscheidung und das kam höchst selten vor. Die gerade gelesenen Zeilen blieben also zwischen „zu bearbeitende Manuskripte" und „Postausgang/Absagen", genau in der Mitte seines Schreibtisches liegen. Ein klassisches Unentschieden.

Q

Während der Lektor sein Büro verließ, wurde ihm klar, dass ihn nicht nur die räumliche Enge, sondern die Einsamkeit, die er bei Mensch wie Hund empfunden hatte, in sich selbst spürte. Aber das war sein Leben. Er war nun mal kein Frauentyp. Männer hatten ihn auch noch nie interessiert. Mit dieser Situation hatte er sich abgefunden. Aus dem ihm täglich zur Verfügung stehenden Material war ihm hundertfach klar geworden, dass man sein Glück einfach nicht zwingen konnte.

Q

In einer kleinen Gaststätte, in der Nähe seines Büros, kehrte er wie fast jeden Abend ein. Diese hatte eine sich wöchentlich wiederholende Speisekarte. Die Kellnerin kannte je nach Wochentag sein Lieblingsgericht und brauchte dies nur vorschlagen, um mit einem Kopfnicken bestätigt zu werden. Es bedurfte keiner weiteren Konversation. Eine Umgebung wie er sie sich nicht besser wünschen konnte. Montags gab es Rindergulasch mit Nudeln, dazu ein frisch gezapftes Bier. Als das Mahl serviert wurde und er zu speisen begann, verzogen sich die Protagonisten seines Arbeitstages, langsam aber sicher, in die hinterste, dunkelste Ecke des Lokals, bis er sie schließlich überhaupt nicht mehr wahrnahm. Diesen Moment der Entspannung sehnte er manchmal förmlich herbei. Andererseits bemächtigte sich ihm eine gewisse innere Unruhe, wenn seine Helden ihn zu lange verließen. Er fühlte sich dann zeitweise als ob sein Lebensfluss unterbrochen würde. Aber das passierte glücklicherweise nicht zu häufig.

Das Essen schmeckte ihm vorzüglich.

Nach Begleichen der Rechnung machte er sich auf, um den Abend in Ernies Bar, die keine 500 Meter entfernt lag, ausklingen zu lassen. Die Figuren seiner Bücher ließen ihn auch heute nicht im Stich. Sie kamen wieder aus ihrer Deckung hervor und begleiteten ihn unauffällig.

Q

Ernies Bar, bestand wie schon der Name sagt, hauptsächlich aus einem riesigen Tresen, der sich wie ein langgezogenes U durch den ganzen Raum schwang und auf der gegenüberliegenden Seite hinter den Barhockern, gerade Platz für vier kleine Tischchen ließ, an denen jeweils nur zwei Leute sitzen konnten.
Der Lektor war erfreut, dass sein Stammplatz, an der Stelle wo die rechte Seite des Us endete, also in der hintersten Ecke des Raumes, noch frei war. Diese gemütliche etwas im Lichtschatten der Bar liegende Nische, mit einer Wand rechts neben ihm und einer hinter sich und dem Tresen davor, schirmte ihn nach drei Seiten fast gänzlich vom Trubel des restlichen Raumes ab. Ein weiterer Vorteil war, dass der Kneipier, erfahren im Umgang mit Menschen jeder Art, schnell herausgefunden hatte, dass er es schätzte nicht gestört zu werden. Ohne Order geben zu müssen, wurde sein vor ihm stehendes Rotweinglas wenn nötig, gefüllt.

Q

Es war erst kurz nach neun, die Bar noch schwach besucht, als er den ersten Schluck seines Lieblingsweines, einem Bordeaux, genoss. Die sanfte Wärme, die beim Trinken dieses Roten in ihm aufstieg, ließ seine Gedanken wieder Richtung Singapur wandern.
Lilly hatte sie rumgekriegt, das war klar. Auf welche Art auch immer. Wahrscheinlich wegen der doppelten Menge Geldes für diesen Job. Eine entschlussfreudige Frau, die zwei Ganoven engagierte, die sie gerade....? Ja was eigentlich gerade? Die

Sachlage übermittelten jedenfalls die zwei sympathischen Herren durch den Trick mit dem Handy. Ganz schön clever. Wahrscheinlich war, dass es sich um Auftragsmord handelte. Der Ring, der Beweis für die vollbrachte Tat. Obwohl, das mit den Bieren und dem Fußball, schnell noch eine Portion Chicken Wings, jemanden kurz um die Ecke bringen und zurück zu den bereits georderten Happy Hour Drinks? Wenn es richtige Profis waren? Das mit dem Handy ließ zumindest darauf schließen.

Die reizende Dame würde jetzt sicher eine hohe Lebensversicherung auf ihren Mann abschließen und dann ihren Geschäftspartnern ein Zeichen geben. Hoffentlich hatte sie sich mit denen nicht verrechnet. Vielleicht wollten die ja mehr als vereinbart. Oder sie wollten ihr sogar an die Wäsche. Möglich war alles. Das denkbar schlimmste Szenario wäre, sie gingen ihr erst an die Wäsche und drehten, nachdem sie von ihr genug hatten, das ganze Spiel noch einmal um. Vielleicht zum vierfachen Preis?

Würde dem Luder ganz recht geschehen, ging es dem Lektor durch den Kopf, während er einen großen Schluck Wein trank. Ihm wurde dabei noch wärmer. Er spürte, dass er aus diesem verdammt schwülen Singapur wieder heraus musste. Sollten die doch mit dem Anzugträger und dieser Lilly machen was sie wollten.

Q

Die Bar hatte sich etwas gefüllt. Leise Musik drang aus zwei Lautsprechern an der Wand gegenüber der Theke. Auf dieser wurde gerade sein Glas wieder vollgeschenkt und ein Schälchen Nüsse daneben gestellt. Eine Aufmerksamkeit des Hauses, die sich der Chef nicht nehmen ließ, obwohl er genau wusste, dass Sternheim noch nie eine einzige Nuss gegessen hatte. Der Lektor seinerseits hatte es auch nie für nötig empfunden darauf hinzuweisen. Vielleicht wäre er auch enttäuscht gewesen, wenn eines Tages, diese zweifellos persönliche Anerkennung seiner Person, unterblieben wäre. Wahrscheinlicher war allerdings, dass er dieses Schälchen mit Nüssen, wie so viele Dinge um sich herum, nie bewusst wahrnahm.

Die Melodie die gerade im Lokal zu hören war, ging ins Ohr. Sie erreichte sogar Sternheim. Konnte man so von irgendwelchen Klängen geprägt werden, dass diese dann irgendwann sogar die Oberhand über einen gewannen? Spürte er nicht gerade in sich selbst leichte Schwingungen. Waren das beginnende Reize, die zuviel genossen oder gepaart mit einschneidenden Erlebnissen zu Reflexen führen konnten, über die man gegebenenfalls die Kontrolle verlor? Möglich war das sicherlich. Er erwischte sich dabei wie seine Finger dem Takt der Musik folgten, indem sie auf die Theke klopften. Dem Chef des Hauses blieb diese unübliche Regung seines Gastes nicht verborgen. Er schrieb sich den Titel, ein Gitarrensolo, der gerade laufenden CD auf einen Zettel und beschloss diese jedes Mal aufzulegen, wenn sein stiller Kunde wieder zugegen wäre. Vielleicht bereitete er damit dem Lektor eher eine Freude als mit seinen Erdnüssen.

Konnte Musik dazu führen, dass man zum Killer wurde? Er wusste von einem solch gearteten Fall. Ob allerdings die Beseitigung des Komponisten, am Verhalten des Mörders in der Zukunft etwas ändern würde, war sicher äußerst fraglich. Vielleicht hatte aber die Wahl der Mordwaffe, in diesem Fall ein Teil eines Musikinstruments, eine befreiende Wirkung auf diesen. Komponist, Gitarrensaite und Zuhörer, waren gleichsam an der Tat beteiligt. Ein Zusammenwirken über das es sich lohnte ein paar Gedanken zu verlieren. Während Sternheim weiter über diesem Thema grübelte ging es auf dreiundzwanzig Uhr zu. Er spürte allmählich die schwere des Weines, verstärkt durch die Gedanken an den Gitarrenmord. Unangenehme Vorstellung von einer Gitarrensaite erwürgt zu werden.
Unwillkürlich fasste er sich an den Hals und öffnete den Kragenknopf seines Hemdes. Der Lektor fühlte sich zusehends beengt. War ja auch kein Wunder bei den vielen Menschen die inzwischen die Bar bevölkerten, ging es ihm durch den Kopf.

Q

Keine zwei Meter entfernt, am Knick des Us, hatte sich ein stattlicher, glatzköpfiger Mann so um die 50, gesetzt. Auffällig war

sein stark gerötetes und langsam zuschwellendes rechtes Auge.
Seiner Sitzposition hatte er zu verdanken, dass er damit nicht weiter
auffiel. Sternheim, rechterhand, nahm ihn sowieso wenn überhaupt,
nur im Unterbewusstsein wahr.
Der Mann wollte zweifellos etwas loswerden oder sich unterhalten.
Argwöhnisch lugte er immer wieder in Richtung Sternheim. Es
missfiel ihm sichtlich, dass er ignoriert wurde. Der Wirt, der in
seinem Laden noch immer alles im Griff hatte, ließ den neuen Gast
deshalb nicht aus den Augen. Bereit, jederzeit eingreifen zu können.
Aber die Sache sollte sich zu seinem Erstaunen ganz anders
entwickeln.

Q

Dem Lektor fiel wieder ein, dass er die Story mit dem Hund noch auf
seinem Schreibtisch liegen hatte.
Der arme Cäsar. Wahrscheinlich war inzwischen die Polizei, von den
Bewohnern des Hauses alarmiert, angerückt. Brutalität gegenüber
hilflosen Tieren durfte nicht sein. Selbst dann nicht, wenn diese nicht
nur Überbleibsel, sondern mutwillig aufgelastete Bürde einer
Vergangenheit waren, die man schnellstens hinter sich lassen wollte.
Aber das Vergessen wurde eben durch die Anwesenheit dieser
Kreatur deutlich erschwert. Dazu kam die offensichtlich
unangenehme Verhaltensweise des Tieres. Egal woher diese rührte,
oder wer dafür verantwortlich war.
Wie würde es in dieser Angelegenheit wohl weitergehen?
Sternheim, von Mitgefühl und Suche nach einer Perspektive für
Hund und Mensch hin und her gerissen, nahm einen so tiefen Zug
aus seinem Glas, dass sein stiller, aufmerksamer Betreuer sofort
herbeieilte und dieses aufs Neue füllte.
Am elegantesten wäre, wenn sich Cäsar und Harms zusammentäten
und es diesem Weibsbild und ihrem Schwarzen so richtig zeigen
würden. Eine Möglichkeit wäre, den Hund auf Neger scharf machen
zu lassen. Das wäre etwas kostspielig und zeitaufwändig, aber
durchaus vielversprechend.
Sternheim hatte eindeutig für die Verlassenen Partei ergriffen. Die
Szene mit dem Hund unter der Couch und dem zweifellos hilflosen

Werftarbeiter, stieß ihm immer noch sauer auf. Ein weiterer großer Schluck Rotwein entlastete leidlich.

Wenn dann der Hund ausgebildet wäre, brauchte er nur noch dessen Frauchen und ihren neuen Begleiter ausfindig machen. In einem günstigen Moment, in welchem seine Ex-Frau alleine wäre, müsste er dieser nur noch den Hund zulaufen lassen. Sie würde ihn sicher fürs Erste bei sich aufnehmen. Aus der Distanz könnte er dann beobachten, wenn der Neger nach Hause käme. Mit Sicherheit ginge die Post dann richtig ab in deren Wohnung. Selbst nach der Flucht des Schwarzen aus dieser, schloss Harms eine neuerliche Verbindung mit Frau und Hund aus. Ein Happy End würde es wahrscheinlich nicht geben. Nicht nach Allem was vorgefallen war. Oder doch?

Offen blieb für Sternheim deshalb, was in der Folge mit dem Hund passieren würde. Akzeptierte die Frau die Furzerei und die anderen Unarten des Hundes, oder trennte sie sich von diesem? Man konnte es sehen wie man wollte, die Arschkarte hatte zweifellos Cäsar gezogen. Alles blieb an diesem armen Hund hängen. Ein Graus! Zunehmend fiel es ihm schwerer die ganze Geschichte auf die Reihe zu bringen. Der Lektor schüttelte resignierend den Kopf und trank einen Schluck.

Q

„Jetzt biete ich dir zum fünften Mal einen Drink an und nun schüttelst du auch noch den Kopf. Für wen hältst du dich eigentlich"?

Der Körper des Wirts hinter der Theke straffte sich. Er war quasi zum Sprung bereit.

Sternheim nahm einige Worte neben sich wahr, aber dass er gemeint war, kam ihm nicht in den Sinn.

„Was ist eigentlich heute los?", fuhr sein Nachbar unbeirrt fort, „vorher war ich in der Bar gegenüber, im Estrella. Ich wollte nichts anderes als eine Lokalrunde schmeißen. Da fragt mich der Typ neben mir, der anscheinend einer aufgedonnerten Rotblonden an seiner Seite imponieren wollte, ob ich es denn so dicke hätte"?

„Wie meinen sie das?", fragte ich zurück.

„Hast du überhaupt genug Kohle dabei"?

„Allemal ausreichend".

„Willst du vielleicht damit sagen, mehr als ich"?

„Davon gehe ich aus", sagte ich, denn mir stank der Kerl allmählich.

„Dann lass mal sehen".

Mit diesen Worten legte mein Nachbar dreitausend Euro auf den Tresen.

„Ist das alles?", fragte ich und legte zehntausend daneben.

„Anstatt einer Antwort bekam ich seine Faust ins Gesicht. Der Kneipier schmiss den Kerl und seine lamentierende Blonde zwar sofort hinaus und brachte mir einen Eisbeutel für mein Auge, doch ich war verständlicherweise restlos bedient. Nun suche ich hier etwas Zuspruch und was finde ich, einen Menschen, der mich nicht einmal wahrnimmt."

„Wissen sie", versuchte der Wirt zu erklären, „der Mann hat einen schweren Beruf. Er ist Lektor. Der kommt eigentlich nur zum Abschalten her".

„Lektor? Egal, er kann sich doch wenigstens von mir auf einen Drink einladen lassen"!

Mit diesen Worten, war der sich vermeintlich falsch Verstandene und ebenfalls nicht mehr nüchterne Nachbar, mit seinem Barhocker, direkt neben Sternheim gerückt. Er packte diesen am Arm und flehte ihn förmlich an.

„Tun sie mir doch den Gefallen. Nur ein Drink"!

Sternheim immer noch nicht ganz Herr der Situation, schaute ihn konsterniert von der Seite an.

„Können sie vielleicht einen Hund gebrauchen"?

„Jetzt mal langsam, wie war das"?

„Einen Labrador"!

Der Wirt beobachtete das ganze in Schlagdistanz und spitzte gespannt die Ohren.

„Sie meinen einen richtigen, lebenden Hund"?

Der Lektor nickte bestätigend. Warum sollte er auch nicht etwas dazu tun um Cäsar aus seiner unglücklichen Lage zu befreien.

„Warum eigentlich nicht"!

„Abgemacht. Sie müssen ihn aber gleich abholen".

„Mache ich, aber lassen sie sich erst noch auf ein paar Drinks einladen. Ich bestehe darauf".

Der so Genötigte gab klein bei, es ging schließlich um Cäsar.

Die Klaren die nun folgten, verfehlten nach dem bisher konsumiertem, ihre Wirkung nicht.

„Wir sollten umgehend aufbrechen, bevor der Mann mit der Gitarrensaite kommt. Hunde mögen keine Musik", lallte Sternheim. Die Glatze neben ihm hatte inzwischen erkennbar gewaltige Schlagseite.

„Verstanden, alle Mann an Bord".

Vor Freude, dass der Abend für ihn doch noch relativ versöhnlich endete, beglich er die komplette Rechnung. Sternheim nahm dies nicht einmal wahr.

Q

„Wohin mein Bester?", fragte ihn sein neuer Bekannter vor der Bar.

„Wieso?", fragte der Lektor präzise aber mit schwerer Zunge nach.

„Der Hund", wurde er erinnert.

„Ach der. Folgen sie mir"!

Sie stützten sich gegenseitig auf ihrem Weg zu Sternheims Wohnung. Sie lag auf der zweiten Etage eines mehrgeschössigen Hauses. Das Bewältigen der Treppe in den zweiten Stock hinauf, wurde mit etlichen Pausen und reichlichem, gegenseitigem Zuspruch, schließlich mit Bravour bewältigt.

Endlich, schwer atmend, vor der Wohnungstür angekommen, blickte der Lektor seinen Begleiter streng in die Augen und fragte diesen, „was wollen sie eigentlich bei mir"?

„Der Labrador", entgegnete dieser, ebenfalls nach Luft ringend.

„Ach ja, ich erinnere mich. Treten sie bitte ein".

Dieser Aufforderung wurde Folge geleistet, nachdem es einige Zeit dauerte, bis die Tür geöffnet war.

Über einen Korridor erreichten sie das Wohnzimmer. Sternheim begann sich ungeniert auszukleiden. Sein Gast behielt die Fassung, indem er soweit möglich, deutlich nachfragte wo denn nun der Hund wäre.

„Unter der Couch".

Während der Lektor schon in Unterhosen vor seiner Kneipenbekanntschaft stand, bückte diese sich schwerfällig, bemüht das Gleichgewicht zu halten und schaute unter die beschriebene Sitzgelegenheit.

„Weit und breit kein Labrador. Nicht einmal ein Hund", stellte er schließlich fest, „wo kann der denn sein"?

„Abhanden gekommen", stellte der Lektor sachlich fest, „entschuldigen sie mich nun bitte, ich gehe zu Bett".
Sein Gast kratzte sich hilflos am Hinterkopf.
„Abhanden gekommen", murmelte er vor sich hin, „so was soll es geben".
Er fühlte sich plötzlich gar nicht mehr wohl, sein rechtes Auge schmerzte fürchterlich. Trotzdem wahrte er die der Situation angemessene Form.
„Es war ein schöner Abend mit ihnen. Vielen Dank noch mal. Haben sie eine gute Nacht".

Zu Sternheim drangen diese Worte nicht mehr vor. Er lag bereits im angrenzenden Zimmer auf seinem Bett und schlief, als sein Hundefreund von außen die Wohnungstür zuzog.

Q

Dienstag

Nach unruhigem Schlaf, hauptsächlich gestört durch Hundegebell und Gitarrenmusik, erwachte der Literaturprüfer schließlich gegen elf Uhr. Der neben seinem Bett auf einem Tischchen liegende Notizblock war unbeschrieben. Eine unergiebige Nacht ging damit zu Ende, was niederschreibenswerte Inspirationen, seine Arbeit betreffend, anging.

Trotzdem! Ganz spurlos schien die Nacht doch nicht vorübergegangen zu sein. Hatte er nicht noch sehr spät Besuch empfangen? Eigentlich war das zu einer solchen Tageszeit nicht seine Art. Wenn doch, dann musste es etwas Wichtiges gewesen sein. Soviel er auch grübelte, er brachte das gestern Erlebte nicht mehr gänzlich auf die Reihe.

Nach einer Katzendusche bereitete sich Sternheim ein schmales Frühstück zu. Es bestand aus einer Tasse Instantkaffee und einer Scheibe Brot, die er mit Edamer Käse belegte. Ein Frühstück, das ihm bekam und welches er deshalb genau in dieser Form, seit Jahren zu sich nahm. Überhaupt war sein grundsätzliches Leben automatisiert und standardisiert. Es verlief in absolut gleichmäßigen Bahnen.

Das eigentliche, wirkliche Leben fand daneben statt. Es war ausgefüllt mit bunten Bildern, die ständig wechselten. Kein Tag war wie der vorherige. Dieses wahrlich phantastische Dasein hatte er einzig und allein seiner Arbeit zu verdanken. Deshalb ging der Lektor voll darin auf.

Der Weg von der Wohnung zum Verlag, eine Strecke von ungefähr zehn Minuten zu Fuß, war ein typisches Beispiel für seine tägliche Routine. Er hätte diesen ohne weiteres mit verbundenen Augen gehen können. Deshalb fiel ihm auch heute wieder nicht auf, dass er ihn angetreten und auch schon bewältigt hatte.

Q

Die üblichen drei Tassen Kaffee, brachten ihn auf die nötige Betriebstemperatur, um sich seiner Arbeit widmen zu können. Sternheim nahm platz zwischen links „Manuskripteingang" und rechts „Postausgang/Absagen". Diese Postkörbchen standen an den Seiten seines Schreibtisches. Der Lektor saß dazwischen. Sozusagen im Zentrum des Geschehens. Diese klare Ordnung wurde heute gestört.
Die vor ihm auf der Mitte des Tisches liegende Leseprobe betrübte ihn. Besonders als er den Namen Cäsar las. Er fing sich aber umgehend und fasste einen spontanen Entschluss.

Nach den Umständen der letzten Nacht, an die er sich schwach erinnerte, konnte und wollte er sich mit diesem Thema nicht weiter auseinandersetzen. Seine rechte Hand bewegte sich deshalb bedächtig aber dennoch zielstrebig, Harms und Cäsar transportierend, über die Mitte des Tisches nach rechts. Das war erledigt. Nach dieser für ihn nicht unbedeutenden Handlung fühlte er sich entschieden wohler.

Die nächste Aktion stand wieder der linken Hand zu.

„Glück im Spiel"

Das Mini-Roulette in der ersten Etage über einer Fleischerei, war in vollem Gange. Der Raum, versehen mit einer kleinen Bar, abgedunkelt. Nur über dem Kessel, einem runden nach innen abfallenden Roulette mit den Zahlen eins bis neun und einer Null, hing eine Lampe, die hauptsächlich dieses Spielfeld ausleuchtete. Die um den Tisch sitzenden Personen wurden von den Mitspielern deshalb fast nur durch ihre Stimmen erkannt. Ihre Gesichter im Lichtschatten, zusätzlich von starken Tabakrauchschwaden verdeckt, waren kaum zu erkennen.

Q

Ein spielgeiler und solventer Bauunternehmer, dafür hatte er sich ausgegeben, hielt die Bank. Die Ponte, das heißt die Gegenspieler freuten sich über den unerfahrenen Freier, der versuchte mit seiner Kugel, die ein paar Runden im nach innen abfallenden Spielgerät drehen musste, die höchste Zahl, also die neun zu treffen. Schließlich war dies kein reines Glücksspiel, sondern eher ein Geschicklichkeitsspiel. Gegen die Profis ihm gegenüber, die nichts anderes taten als jeden Abend hier zu spielen, stand er von vorne herein auf verlorenem Posten. Um den inzwischen leicht angetrunkenen, tapferen Verlierer bei Laune zu halten und ihn in seinem Ego zu bestärken, hatte der Inhaber des Etablissements, welcher in der Stadt das offizielle, wie auch das inoffizielle Glücksspiel nicht nur kontrollierte, sondern auch von jedem Einsatz zehn Prozent Provision kassierte, zwei ganz passable Nutten, die vor dem Casino herumhingen, zu seiner Betreuung hereingebeten.
Sie machten einen guten Job. Ihm gefiel es offensichtlich, dass sie sich zu ihm gesellt hatten und ihn ständig bewunderten. Zeitweise musste er aufgefordert werden, seine rechte Hand vom Hintern der Rothaarigen zu nehmen, um das Spiel fortsetzen zu können. Trotz der immer heftiger werdenden Freundlichkeiten seiner Verehrerinnen und Freidrinks soviel er wollte, verschlechterte sich seine Laune zusehends. Kein Wunder, er hatte gerade den letzten von zehn Fünfhundertern in Jetons gewechselt und setzte nun alles auf eine Karte. Die Ponte hielt und gewann die Fünfhundert.

Q

Der untersetzte, etwa sechzigjährige Bankhalter wollte nicht so ohne weiteres sein Gesicht verlieren. Deshalb zog er sich mit dem Casinobesitzer in eine ruhige Ecke des Spielsalons zurück. Dieser hatte ihm schnell verdeutlicht, dass in seinem Geschäft nur Bargeld akzeptiert würde. Kredit gab es grundsätzlich nicht. Kulanterweise hatte er ihm, weil es sich bei ihm um einen ausgesprochen angenehmen Menschen handelte, die Zeche erlassen und ausnahmsweise, falls er ganz klamm wäre, würde er auch noch das Taxi für die Heimfahrt bezahlen. Er sollte sich bitte auch im weiteren Verlauf des Abends als Gast betrachten. Der Verlierer hatte dicke Schweißperlen auf seiner Stirn. Er versicherte mehrmals, dass er jeden Betrag noch in der gleichen Nacht beschaffen würde. Nachdem ihn keiner der Anwesenden kannte, wurde auch dieser Vorschlag abgelehnt. Schließlich schielte der Casinobetreiber auf die massiv goldene Uhr und die ebenso gefertigte schwere Panzerkette, die der Mann um den Hals trug. Der Spieler erriet seine Gedanken und wurde zornig.

„Sie wollen doch nicht etwa"?

„Nein, nein, ich wollte ihnen nur einen Gefallen tun. Sie verstehen? Ich denke lediglich an ein Pfand".

„Sie können mich mal", entfuhr es dem so Geforderten.

Der Casinochef drehte daraufhin ab und sagte laut in die Runde, „erst verzockt er alles, ich bezahle seine Zeche und jetzt muss ich mich auch noch beleidigen lassen. Solche Gäste wünsche ich mir öfter".

Zustimmendes Gemurmel war aus den Reihen der Berufszocker zu hören.

Eines der Freudenmädchen hatte sich nachdem ihr der Boss zugezwinkert hatte, wieder an den Baumenschen herangemacht.

„Nun sei doch nicht so, lass uns noch etwas trinken. Du bist doch ein ganz Lieber".

Sie kraulte seinen Rücken, er brummte vor sich hin. Zwei neue Drinks wurden gebracht. Aus der Gruppe der anderen Spieler fragte eine Stimme,

„läuft heute Abend noch was, oder machen wir Feierabend"?

„Am besten ich mache dicht, habe mich schon genug geärgert", tat der Chef beleidigt.

„Augenblick", war der Pleitegänger aus der Dunkelheit des Raumes zu vernehmen, „wie viel"?

Als ob er auf sein Stichwort gewartet hätte, trat der Casinobesitzer zu ihm und der Dame, die inzwischen fest zum Unglücksraben zu gehören schien und erwiderte

„1.800".

„Wie bitte? Allein die Uhr hat achtzehn Mille gekostet, die Kette noch mal vier".

„Ich bin ja kein Schmuckhändler. Die Sachen sollen für mich doch lediglich eine Sicherheit darstellen. Sie bringen morgen die 1.800 und bekommen ihren Schmuck zurück".

„Sie bieten mir also für etwas das 22 wert ist 1,8. Das ist wirklich eine ganz schräge Nummer".

„Verstehen sie mich nicht falsch. Ich bin kein Juwelier, deshalb ist es mir unmöglich den tatsächlichen Wert zu schätzen. Das Risiko liegt alleine auf meiner Seite".

„Ich habe über 5 Mille verloren, mit 1,8 wird es schwer werden die zurückzugewinnen."

„Also gut, was halten sie von 2,5".

„Einverstanden, aber nur wenn sie mir eine Quittung geben und so bestätigen, dass ich morgen für 2,5 den Plunder zurückbekomme".

„Das ist kein Problem, ich bin ein Ehrenmann".

Es war eine reine Formsache. Schmuck und Geld hatten schnell den Besitzer gewechselt. Der Freier ließ sich noch einen kräftigen Drink servieren, den er auf einen Zug leerte, dann bezog er wieder den Platz des Bankhalters. Das hämische Grinsen seiner Gegenspieler konnte er im Lichtschatten nicht erkennen. Es wäre ihm auch egal gewesen. Die Rote und die Blonde gaben ihm noch einen aufmunternden Kuss.

„Dann kann's losgehen", sagte er in die Runde, „aber meine Herren, zu dieser Tageszeit spielen wir nicht um Peanuts. Ist das OK"?

Zustimmendes Gemurmel bestätigte seine Ansage.

„Die Bank hält 1500".

Der geforderte Einsatz lag sofort auf dem Tisch.

Mit erstaunlich ruhiger Hand warf der vermeintliche Freier. Die Kugel drehte drei Runden im Kessel und bog dann wie an der Schnur gezogen in das Fach mit der 9 ab.

„So ein Glück", jubelten die zwei Damen neben ihm.

„Mal langsam, ich habe noch nicht gewonnen".

Aber seinem Kontrahenten gelang nur eine zwar gute, aber nicht ausreichende 6.

„Lässt sich gut an, so kann es weiter gehen. Noch Mumm meine Herren. Ich lasse die drei Mille stehen".

Auch dieser Einsatz war schnell gebracht, jeder wollte das gerade verlorene Geld mit Plus zurück.

Es war nicht zu glauben, wie von Geisterhand geführt, landete auch dieser Wurf im Fach der Neun. Ein Raunen, eine Mischung von Ungläubigkeit und Angst lag in der Luft. Die darauf folgende 7 reichte wieder nicht. Die zwei Mädels kriegten sich kaum noch ein.

„Jetzt musst du aber aufhören", ergriff die eine Partei, was ihr einen strafenden Blick vom Casinochef einbrachte.

„Von wegen, ich habe gerade eine Glückssträhne. Der ganze Zaster, also 6000 bleiben stehen. Was haltet ihr davon?"

Der Boss persönlich hatte sich nun mit einem dicken Bündel Geld zu den Spielern an den Tisch gesetzt. So blöd konnte es doch gar nicht laufen, dass er nicht auch noch eine dicke Scheibe vom Kuchen abbekam.

„Nur zu", sagte dieser.

Die dritte Neun in Folge, hatte ein fast schon tierisches Stöhnen und einen Jubelgesang der zwei Damen an der Seite des Bankhalters zur Folge. Der Ponte gelang wieder keine 9. Der vermeintliche Unglücksrabe hatte sein Geld zurück und noch 5500 dazu gewonnen.

„Was halten sie davon wenn wir aufs Ganze gehen. Halten ihre Nerven das aus?", forderte der Casinochef mürrisch.

Darauf hatte der Bankhalter anscheinend nur gewartet.

„An mir soll es nicht scheitern, also 12000"?

„Machen sie schon"!

Diesmal warf der Bankhalter lediglich eine 8. Aber es reichte trotzdem leicht gegen die mit erkennbar zitternder Hand geworfene 4. Zornesröte schoss dem Casinoboss ins Gesicht. In welchem Film war er da eigentlich? Zu Beginn der Partie hatte sein Gegner maximal eine 3 geworfen. Bei ihm ging es in erster Linie nicht nur ums Geld, sondern auch um einen möglichen Imageverlust. Er hatte keinen Bock drauf, dass man am nächsten Tag in der Stadt erzählte, dass er von einem echten Freier abgezogen worden war.

Die ersten vier Mitspieler waren bereits ausgestiegen weil sie blank waren. Der Bauunternehmer schüttete noch einen doppelten Wodka hinter die Binde.

„Halten sie bei 24 auch noch mit?", fragte er.

„Und ob, ich muss nur frisches Geld holen. Bin gleich wieder da."

Der Chef ging ins Nebenzimmer.

„Entweder stier oder Kavalier", ließ sich ein Mitspieler hören und schob sein ganzes restliches Geld in das Einsatzfeld.

Die anderen Spieler folgten seinem Beispiel. Der Casinobesitzer kehrte zurück und knallte zwei dicke Geldbündel auf den Tisch.

„Das sind 100 Mille. Bis zum bitteren Ende"!

„Für sie bleiben im nächsten Spiel 20000", erwiderte der Bankhalter ruhig.

Mit einer lässigen Handbewegung flogen diese in den Topf. Es kam wie es kommen musste, die Bank gewann wieder.

Q

Am Spieltisch waren nur noch der Mann mit der unerklärlichen Glückssträhne und der Inhaber des Ladens übrig geblieben. Dieser fragte sich, ob er denn einem Artisten, so bezeichnete man Leute die jede gewünschte Zahl werfen konnten, aufgesessen war. Aber das konnte und durfte nicht sein. Er musterte seinen Gegenüber prüfend. Dieser wirkte äußerst entspannt, nicht zuletzt weil er reizend von den beiden Damen umsorgt wurde. Außerdem hatte der doch mindestens zehn doppelte Wodka und ein paar Bier intus. Irgendwann musste sein Lauf doch zu Ende sein.

„Ab jetzt jedes Spiel 20000. Einverstanden"?

Ein Nicken des Bankhalters führte zur Fortsetzung des Spiels. In der Folge gewann jeder der Spieler eine Runde. Danach ging es mit dem zur Verfügung stehenden Kapital des Casinobosses weiter bergab, bis er schließlich seine letzten 20000 einsetzte. Aber es trat keine Wende ein. Entweder hatte ihn das Glück gänzlich verlassen oder er war schlichtweg ausgenommen worden. Mit der Wahrscheinlichkeitsrechnung kannte er sich als Berufsspieler einigermaßen aus, deshalb tippte er auf die zweite Möglichkeit. Er, einer der gerissensten Hunde der Szene, konnte sich nicht einfach ausnehmen lassen. Das ging ihm deutlich gegen den Strich. Mit geballten Fäusten, geschwollener Zornesader und stechendem Blick forderte er den Bauunternehmer auf weiterzuspielen.

„Ich habe noch etwas Schmuck im Tresor, der gut für 10000 sein müsste. Sie wissen, ich gab ihnen vorhin auch diese Chance".

„Meinetwegen, lassen sie sehen. Vielleicht kann ich ja noch meinen Glücksbringerinnen hier ein Geschenk machen".

Der Casinomann war wieder im Nebenzimmer verschwunden. Der Glückspilz nickte einer der Damen zu und deutete auf die Ausgangstür. Sie folgte seiner Anweisung verstehend und kam gleich darauf mit zwei typischen Bodyguards zurück. Diese nahmen diskret Aufstellung im Lichtschatten hinter den Damen und ihm.

Der Chef ließ sich wieder am Spieltisch nieder. Aus der rechten Jackentasche zog er einen kurzläufigen Revolver, den er demonstrativ vor sich auf den Tisch legte.

„Schluss mit Lustig! Zuerst erklären sie mir, wie sie die Nummer hier abgezogen haben und dann rücken sie das mir so gestohlene Geld wieder heraus".

„Und wenn nicht"?

„Dreimal dürfen sie raten".

„Ich bin nicht so für Rätsel. Ich schlage vor sie lassen mir noch einen Drink bringen, packen ihr Spielzeug", wobei er auf den Revolver zeigte, „wieder ein und wir gehen friedlich unserer Wege. Anderenfalls......".

„Was anderenfalls", lachte der Zockerchef hysterisch auf.

„Anderenfalls haben sie gleich zwei niedliche Löcher im Schädel". Über seiner Schulter tauchten zwei großkalibrige Waffen auf, die genau auf den gerade bezeichneten Körperteil gerichtet waren.

Beschwichtigend hob sein Gegenüber beide Hände nach oben. Sein Mund stand weit offen. Das Gesicht aschfahl. Er brachte kein Wort heraus.

„Wir dürfen uns dann empfehlen. Es war recht unterhaltsam bei ihnen".

Der „Bauunternehmer", oder was immer er sein mochte, war aufgestanden, hakte sich bei seinen Glücksbringerinnen unter und verließ das Casino, während ihm dabei seine männlichen Begleiter den Rücken frei hielten.

Q

Diese Spieler, dachte sich der Lektor, sind schon sonderbare Menschen. Nicht uninteressant die Leseprobe, aber irgendwie für seinen Geschmack zu trivial. Vielleicht weil ihm das Unentschieden des letzten Tages noch zu sehr nachhing, blickte er diesmal entschlossen nach rechts und ließ dem Gedanken die Tat folgen. Sternheim gönnte sich einen Drink aus der Schreibtischschublade und eine kurze Pause. Er musste seinen Kopf erst gänzlich von dieser verdammten Spielhölle frei machen, bevor er das nächste Objekt in Angriff nehmen konnte.

„Huber"

Mein Name ist Horst Lux, persönlicher Berater und Vertrauter des Eigentümers von unzähligen Hendlständen, Restaurants und Gaststätten. Praktisch die rechte Hand vom Chef. Also vom Hendlhuber. Eigentlich Georg, oder auch Schorsch Huber. Egal, jeder kennt ihn als Hendlhuber. Schließlich steht auf jedem seiner Hendlmobile, „die knusprigsten Mistkratzer nur beim Hendlhuber". Deswegen nennt man ihn halt so. Der Huber schaut nicht nur ungefähr wie Danny de Vito aus, sondern bewegt sich auch ähnlich. Allerdings ist er zehn Zentimeter größer als dieser. Hat immer eine Blondine über 1,80 dabei – sein Wahlspruch – lieber eine Blondine an der Hand, als eine Schwarzer unterm Dach. Neben scharfen Frauen interessiert er sich hauptsächlich für scharfe Autos.

Q

Wie kam ich zu diesem Job inklusive diesem Chef?
Es war reiner Zufall.

1999 hatte der zum Fensterputzer ausgebildete Georg Huber eine kleine Erbschaft angetreten. Mit den 30.000 DM kaufte er einen, kurz darauf einen zweiten, gebrauchten VW-Bus. Gleichzeitig meldete er ein Gewerbe als Rohbaureinigungsfirma an. Über Verbindungen, die er anscheinend aufgrund seiner bisherigen beruflichen Laufbahn hatte, kam er auch schnell an Aufträge auf Großbaustellen in München. Er belieferte diese mit Hilfsarbeitern, die er jeden Tag mit seinen Bussen beim Arbeitsamt abholte, auf die Baustellen brachte und abends ausbezahlte.

Eines Morgens sprach er mich auf dem Arbeitsamt an. Ich hatte damals gerade ein Studium der Betriebswirtschaft geschmissen und suchte eine Gelegenheitsarbeit. Irgendwie war ich ihm anscheinend sympathisch. Er merkte sofort, dass ich kein typischer Arbeiter war. Huber erkundigte sich nach meiner Ausbildung.
„Jemand wie sie suche ich schon lange. Komme mit der Buchhaltung einfach nicht klar. Wären sie interessiert an einer festen Beschäftigung".
„Kommt darauf an"?
„Mit der Bezahlung werden sie zufrieden sein. Sie sind mein Mann, basta"!
War ich dann auch und bin es heute noch.

Mein Aufstieg in der Firma stellte sich so dar, dass ich Fahrer eines VW-Busses wurde. Das hieß Arbeiter des Subunternehmens, morgens vom Arbeitsamt oder vereinbarten Treffpunkten auf die Baustellen fahren und abends wieder abholen und ausbezahlen. Zwischen diesen Fahrten befasste ich mich mit der bis dahin desolaten Buchhaltung Hubers. Schnell wurde mir klar, dass das auf die Baustellen gelieferte Arbeitsvolumen, nicht mit den Zahlungseingängen in Einklang zu bringen war. Ich sprach darauf meinen Chef an, der mir erwiderte.
„Entweder man macht etwas gescheit oder richtig".
Darauf konnte ich mir erstmal keinen Reim machen.
„Damit du's kapierst", er duzte mich inzwischen, „machen wir ab morgen learning by doing".
Das wirkte sich so aus, dass ich ab dem nächsten Tag nicht nur die Arbeiter, sondern auch die Poliere auszahlen durfte. Das System war einfach. Es wurden fünf Arbeiter geliefert, der Polier quittierte aber zwanzig. Abends wurde ihm der Lohn für fünf Arbeiter ausgezahlt, unsere Firma stellte zwanzig Arbeiter in Rechnung. Also zehn Netto Reingewinn. Meine Kenntnis und Duldung dieser Praxis, brachte mir eine nicht unerhebliche, steuerfreie, Gehaltssteigerung ein.

Q

Das Geschäft expandierte. 2002 hatte Huber 150 Beschäftigte, die in Baracken untergebracht waren, die ihm gehörten und an denen er noch mal verdiente. Inzwischen kümmerte ich mich nur noch um die Buchhaltung schob eine ruhige Kugel und lebte wie die Made im Speck.

Huber ging es auch nicht schlecht. Er besaß eine Villa in Grünwald und eine an der Adria. Dort lag auch seine Motoryacht.
Neben Blondinen über 1,80 m hatte er schon damals ein Faible für schnelle Autos. Ein Grundsatz bei ihm. Zur Sicherheit alles doppelt haben. Zwei Häuser, zwei Frauen, zwei Autos, zwei Handys und so weiter.
Die Häuser in Grünwald und an der Adria. Die Blondinen Rosi und Sigi. Zwei Nokia Handys und zwei VW Beetles.

Einer von diesen Beetles war ein ganz normaler und als solcher auch zugelassen. Der andere Beetle war eigentlich eine Viper. Also innerlich. Äußerlich nach wie vor ein Beetle. Den hatte ihm ein Spezl zusammengebaut. Ein brutal scharfes Ding, das nur für besondere Ausfahrten, hauptsächlich mit Blondinen, in Frage kam. Mit seinen 500 PS und 300 Spitze damals der schnellste Beetle auf deutschen Straßen.

Eines Tages war Schorsch mit seiner Rosi unterwegs. Nach ein paar Maß im Tegernseer Bräustüberl gingen sie zum Wagen. Beim Einsteigen hat Rosi dann vor der Terrasse ihr Fahrgestell, tiefe Einblicke gewährend, in den Beetle bugsiert und Schorsch gleichzeitig mit einem absolut gemeinen Brüller des Motors, diesen gestartet. Bei den einheimischen Gästen stellten sich die Gamsbärte auf ihren Hüten erst steil auf, um dann durch den Auspuffdruck schlagartig flachgelegt zu werden.

Mit einem gewaltigen Powerslide und großem Gummiverlust sind sie dann mit ihrem Gefährt vom Parkplatz geschlittert – Richtung Autobahn München. Auf Höhe Hofoldinger Forst wurde Schorsch in einer Baustelle, erlaubt 80 km/h, mit 260 km/h geblitzt.
Die Polizei rätselt wahrscheinlich heute noch darüber, was später auf dem Beweisfoto zu sehen war. Zu erkennen waren zwei Personen auf dem Fahrersitz. Ein Kopf in Fahrtrichtung, der andere entgegengesetzt. Die Gesichter der Personen waren nicht zu identifizieren, da sie sich gegenseitig verdeckten. Das ganze bei Tempo 260! Die Polizisten nahmen bei Schorsch Ermittlungen auf. Dort stießen sie auf das nächste Rätsel. Wie konnte der Wagen, den sie vorfanden, 260 fahren? Tests ergaben, dass bei 175 Schluss war. Georg hatte natürlich vorher die Nummernschilder von der Dodge-Viper zurück auf den gleich aussehenden Serien-Beetle geschraubt. Huber hat sich danach noch lange gefragt, ob er sich nicht doch hätte stellen sollen. Sicherlich wäre er im Guinnes-Buch der Rekorde mit einem „Höchstgeschwindigkeitsrauschsexweltrekord" eingetragen worden.

War das eine Gaudi damals!

Die zwei Handys hatte er mir schnell erklärt. Depp, hat er zu mir gesagt, das grandiose an der Sache ist doch, dass man sich selbst

anrufen kann. Wozu das gut sein sollte, fragte ich ihn. Er hat's mir
dann demonstriert. Ein Handy trug er immer in der linken, das
andere in der rechten Jackentasche. Beide waren stets eingeschaltet.
Wobei die Rufnummer des Handys in der linken, im Handy in der
rechten Jackentasche dauernd eingegeben, also immer anrufbar war.
Wenn Schorsch in brenzlige Situationen kam, dann rief er sich
einfach von der rechten Jackentasche aus selbst an. Nach Annahme
des Gespräches wurde er dann meist laut und hektisch und täuschte
die schlimmsten Ereignisse vor. Mit einem „tut mir leid, ein
dringender Notfall", empfahl er sich dann meistens.
Seit dieser Zeit bin auch ich Besitzer zweier Handys und Nutzer
dieses Wissens.
Aber genug über diese Telefoniererei.

Q

Der Schorsch hatte irgendwann auf seiner Yacht, bei seinen
Kreuzfahrten in der Adria, mit inzwischen Nadja (1,82 usw., wie
immer), zwei Herren aus Palermo kennengelernt, die vorhatten
geschäftlich zu expandieren. Sie waren in der Müllbranche tätig und
wollten in Richtung Deutschland diversifizieren. Sie meinten
Rohbau, beziehungsweise alles was mit frischem Zement zu tun
hätte, würde ihnen zusagen. Sie haben ihm dann schnell
klargemacht, dass er den Handyschmarrn bei ihnen vergessen könne.
Die Handys die sie in den Taschen hätten, würden lauter klingeln.
Schorsch ließ sich schließlich relativ schnell zum Verkauf seines
Unternehmens überreden. Zu mir sagte er damals wie so oft,
„du weißt schon, entweder man macht etwas gescheit oder richtig".
Ich habe nur mit dem Kopf genickt. Er hat sich dann mit Nadja ins
Privatleben zurückgezogen.
Mein Gehalt als Buchhalter und Mädchen für alles habe ich die
folgenden Jahre quasi als Schweigegeld weiter bekommen. 5000 DM
monatlich, auf die Hand, schwarz.

Q

Bei mir klingelte das Telefon.

„Hallo Horst, ich brauche wieder einen Geschäftsführer", meldete sich Georg, „du weißt schon, 5000 auf die Hand und mit 1000 angemeldet. Diesmal allerdings Euro. Können wir uns treffen? Ich will dir mein neues Geschäftskonzept vorstellen. Nur so viel, Flugbranche und nackt".

„Doch nicht etwas mit Stewardessen?", fragte ich besorgt.

„Ha, ha, nein, lass dich überraschen. Also morgen um zwölf beim Stampflwirt".

Schon hatte er aufgelegt.

Ich war damals gerade wieder mal von den Kanaren zurück nach München gekommen. Auf diesen hatte ich seit meinem letzten Engagement beim Schorsch sechs Jahre verbracht. Irgendwie war ich nun in der Bredouille. Huber hatte mich definitiv am Haken. Drohte sich jetzt meine schöne 5000 DM Pension, die ich nach wie vor als sein ehemaliger Buchhalter und Geschäftsführer seines Rohbaureinigungsunternehmens bezog und mein Lebensstil in Luft aufzulösen? Gesetzt den Fall, ich würde sein neues Angebot nicht annehmen? Oder anders rum. War ich ganz einfach gezwungen wieder bei ihm einzusteigen? Egal wie es laufen würde. Was hatte Schorsch wieder ausgeheckt? Keine Frage, ich musste auf jeden Fall beim Stampflwirt antreten.

Q

Es war wie so oft in Deutschland, ein grauer verregneter Junitag, als ich die Gaststätte, unseren Treffpunkt, am nächsten Tag betrat und meinen nassen Mantel an den Kleiderständer hängte. Nachdem ich Schorsch nirgends sehen konnte, nahm ich an einem Tisch in der hintersten Ecke mit dem Rücken zur Wand, nicht nur sinnbildlich, platz. Die Bedienung brachte mir das gewünschte Rotweinschorle. Es war zwanzig nach zwölf, als ein leichtes Klirren der Fensterscheibe neben mir dezent ankündigte, dass vor dem Wirtshaus ein etwas PS-stärkeres Gefährt vorgefahren war.

Und da stand er dann vor mir. Lächelnd, ein paar Pfund schwerer als früher, gab er mir die Hand und setzte sich.

„Hallo Horst, schön dass du gekommen bist", und zur Bedienung, „eine Flasche Champus, aber einen richtigen"!
Ich deutete mit dem Kopf Richtung Fenster.
„Fährst wohl immer noch den Beetle/Viper?", auf sein früheres Hobby anspielend.

„Nicht ganz, Viper schon noch, aber anders verpackt. Die Bullen waren mir mit der Beetle-Masche zu nah auf den Fersen. Die Nummer konnte ich nicht unendlich abziehen. Verstehst? Mein Leitspruch ist immer noch, entweder man macht etwas gescheit oder richtig. Das System ist das gleiche, aber die Verpackung eine andere. Etwas größer. Das ist auch wegen meines Alters von Vorteil. Irgendwann ist man halt nicht mehr so gelenkig – übrigens die Damen auch nicht. Jetzt sind es zwei Audi A 8. Und was fährst du"?
„Immer noch den alten Ford Escort".
„Das lässt sich ja nun ändern".
„Mal sehen, was hast du also vor"?

„Glaub' mir, eine irre Sache. Pass auf! Ich liege an einem Hotelstrand in Guadeloupe. Die Steelband spielt im Hintergrund. In meiner rechten Hand ein kühler Longdrink – und nun das Beste. Vor mir auf einer Liege Sonja, meine Neue, weißt schon Beine bis zum Hals und so. Sie streckt mir direkt ihr gebräuntes Hinterteil entgegen, welches mich prall aus ihrem Stringtanga anlugt. Da bekam ich plötzlich Appetit auf ein Grillhendl. Verstehst du, dieses knackige, gebräunte und runde etwas – Grillhendl.
Leider kriegt man in den Hotels der Karibik Hähnchen in jeder Variante. Nur keine wie beim alten Jahn. Jedenfalls lief mir richtig das Wasser im Munde zusammen.
Am nächsten Tag wälzte meine Holde ihren eingeölten, gebräunten Körper vor mir im Sand. Schließlich streckte sie mir wieder, wie am Vortag ihren Allerwertesten entgegen. Der Sand hatte ihre genannten Rundungen mit einer feinen Schicht überzogen. Dreimal darfst du raten, woran ich sofort denken musste. Genau – Backhendl. Aber die gab es hier auch nicht.
In der Nacht dann beim Sex habe ich Sonja – ich weiß nicht, aus Geilheit, einer animalischen Anwandlung oder gar aus Hendlentzug heraus – in den Hintern gebissen. Ich bin selbst erschrocken. Dieses Erlebnis öffnete mir jedoch endgültig die Augen.

Am nächsten Tag habe ich dann spontan die Koffer gepackt – und Abflug!

In München angekommen, bin ich dann an einem Hendlstand aus dem Taxi gestiegen.
Ein türkischer Brater fragte mich, was ich denn haben möchte. Ich deutete auf eines seiner drei traurigen Hendl. Ein halbes. Während er sich mit dem Vogel abmühte und mir sich der Geruch seines Döners, mehr und mehr auf die in Vorfreude sensibilisierten Geschmacksnerven legte, wurde mir langsam klar, dass ich mit diesem Laden eine Niete gezogen hatte. Trotzdem bezahlte ich und biss gierig in das gelbliche Fleisch. Schneller als im Mund, landete dieses und der Rest des Hendls, in einem Papierkorb. Im Davongehen hörte ich noch, „nicht schmeckt"?

Ich habe dann noch mehrere Versuche dieser oder ähnlicher Art gestartet, aber immer mehr oder weniger das gleiche Ergebnis. Unseren alten Wienerwald gibt es ja nicht mehr, oder nur noch vereinzelt.
Für mich stand fest, hier gibt es dringenden Handlungsbedarf. Vor mir tat sich eine Marktlücke auf, größer als jedes Scheunentor das ich kenne.
Horst, jetzt mischen wir die Szene auf! Nicht mit Wolf", eine Redewendung die er immer benützte wenn er stark erregt beziehungsweise verärgert war,
„nicht mit mir! Wir ziehen eine Kette von Hähnchenverkaufswagen auf. Nicht diese vergammelten Wägen, die jeden Moment auseinander zu fallen drohen. Nein, echte Nobelkarossen. Blitzblank! Die Hendl sollen First Class auf ihrer letzten Reise kutschiert werden. Sozusagen Hendl Royal. Mit weißen Papiergamaschen an den Haxen. Ich denke fürs Erste an 20 bis 30 Stück. Also im Raum München, mehr oder weniger, flächendeckend.

Dein Startkapital zum Anfang, vier Millionen. Erstelle einen Masterplan. Ziel für Rollout mit Prominenz in drei Monaten. Du weißt was du zu tun hast besser als ich. Beschaffung der Wägen, Standplätze, Personal und so weiter. Hier sind die nötigen Papiere, Adressen, Telefonnummern, Bankvollmacht, und die Bestellung zum Geschäftsführer. Deine Daten habe ich noch gespeichert. Nächstes Treffen, hier in einer Woche um die gleiche Zeit. Lass uns schnell noch mal anstoßen, ich habe es eilig. Tatjana wartet draußen im Wagen".

Q

Schon war er wieder weg.
Vor der halben Flasche Champagner sitzend, schlug ich gedankenverloren die vor mir auf dem Tisch liegende Speisekarte auf. Das Gericht des Tages sprang mir ins Gesicht, wie ein mörderischer Tiger den man plötzlich aus seinem Käfig freigelassen hatte. Brathendl mit Pommes!
Nun war mir endgültig klar, dass ich in der Zwickmühle saß. No way out, schrie mein Gehirn.
Ich bezahlte und verließ das Lokal fluchtartig.

Zuhause angekommen, schleppte ich mich müden Schrittes, die zwei Stockwerke zu meiner Wohnung hinauf. Dort schnappte ich mir ein Glas, sowie die Jack Daniels Flasche und ließ mich auf die Couch im Wohnzimmer sinken. Nach fünf Jackies hatte ich mich so ausreichend gegen die aufkommenden üblen Gedanken in Deckung gebracht, sodass diese allmählich den Rückzug antraten und mich schließlich gänzlich in Ruhe ließen. Ich streckte ich mich auf dem Sofa aus und versank in einen unruhigen, traumreichen Schlaf.

Q

Die Welt erzitterte vor den immer übler werdenden Wirtschaftsdaten- und Nachrichten. Hypothekenkrise, Finanzkrise, Autokrise, Arbeitslosigkeit und vieles mehr. Politiker übertrafen sich mit immer düstereren Prognosen über die weitere Entwicklung der Volkswirtschaften dieser Welt. Der globale Kapitalismus hatte versagt. Riesige Seifenblasen zerplatzten. Eine gewisse Schicht hatte kräftig abgeräumt. Das verschwundene Kapital musste ersetzt werden um das existierende, anscheinend alternativlose, betrügerische System am Leben zu erhalten. Die Regierungen sprangen ein, weil sie Angst vor dem Supergau hatten, der nicht zuletzt die Pfründe der Politiker selbst hätte beschädigen oder gar untergehen lassen können.

Durch diesen Traum, mit realistischem Hintergrund, fuhr mein alter Ford Escort. Bis er plötzlich von einem Polizisten der Schorsch ziemlich ähnlich sah, gestoppt wurde.
„Wissen sie denn nicht, in welcher Zeit wir leben? Das ist schon ziemlich dreist, mit so einem alten Wagen durch die Straßen zu kutschieren! Haben sie denn gar kein Gewissen? Heute belasse ich es bei einer Ermahnung! Sie fahren jetzt sofort die nächste rechts zum Autohaus Gruber. Lassen sie sich mit dieser Karre nicht noch mal erwischen"!
Ich tat wie er mich hieß, schweißgebadet. Was war ich doch für ein asoziales Individuum. Beim Auto Gruber fiel mir als erstes ein großes Transparent ins Auge.
„Aufgrund des niedrigen Ölpreises sparen Autofahrer in Deutschland dieses Jahr über zehn Milliarden Euro"!
Warum sollte ich daran eigentlich nicht partizipieren? Also muss ich doch wieder ein Auto kaufen, obwohl ich auf Grund meiner finanziellen Situation eigentlich aufs Fahrrad umsteigen wollte. Was aber, wenn Schorsch nicht mehr bezahlte?

Ein Autoverkäufer setzt mich an einen Tisch vor eine Tasse dampfenden Cappuccino. Er drückt mir die Hochglanzbroschüre eines 7er BWW in die Hand.
„Der würde genau zu ihrem Typ passen. Kostet inklusive einiger kleiner Extras lächerliche 67.000 Euro".
„Ja, aber", versuchte ich einen Einwand anzubringen.
Mit einer Handbewegung, als ob er ein lästiges Insekt verscheuchen müsste und einem knappen Vortrag, wischte er meine letzten Bedenken hinweg.
„Sparen durch Spritverbrauch, Kfz-Steuer-Ersparnis, Abwrackprämie, unser Hausrabatt 25%. Und jetzt kommt's! 100-prozentige Finanzierung, bei 0 % Darlehenszins die ersten drei Jahre! Sie bezahlen lächerliche 800 Euro pro Monat ab! Und das nur cirka 5 Jahre. Haben sie überhaupt eine Vorstellung, was sie da insgesamt gut machen"?
Ich nickte halb verwirrt, halb betäubt, was der Verkäufer anscheinend als Zustimmung interpretierte.
„Und nun noch eine Dreingabe unseres Hauses".

Er hob den rechten Arm und winkte durch das geöffnete Fenster einem Arbeiter auf dem Hof zu. Der ließ zum Zeichen des Verstehens den nach oben gerichteten Daumen seiner rechten Hand sehen.

„Wir übernehmen kostenlos die Verschrottung ihres alten Wagens"! Selbstgefällig nickte er mir zu und deutete mit seinem Kopf in Richtung des Arbeiters. Ich bekam gerade noch mit, wie mein Escort in einer Schrottpresse versank. Dann kam von draußen zum Zeichen der Erledigung, noch mal der Daumen. Der Rest war Formsache.

„Sie können ihren Wagen gleich nach Zulassung, also morgen Mittag, abholen. Empfehlen sie uns weiter"!

Q

Alles war in die Hosen gegangen. Schorsch bezahlte nicht mehr. Er war mit einer neuen Flamme nach Asien verschwunden. Die Tilgung meines Fahrzeuges kam zum Erliegen. Die Bank drohte mit Pfändung. Da las ich in der Zeitung, „Rettungsschirm für die Autoindustrie und für die Banken".

Ich schrieb einen langen Brief an die Bundeskanzlerin persönlich. Ich schilderte darin, dass ich unschuldig in diese Notlage geraten wäre, weil ich durch die Politik und schlussendlich durch die Exekutive veranlasst worden war, die Wirtschaft zu retten. Jetzt wird die Autoindustrie gerettet. Wenn dem so ist, kann ich doch mein Auto zurückgeben. Bei den Banken verhält es sich genauso. Die werden unterstützt, also können sie mir doch meine Schulden erlassen. Wenn nicht, wer rettet dann mich?

Ich bekam zwei Wochen später tatsächlich eine Antwort vom Bundeskanzleramt. Freundlich wurde mir mitgeteilt, dass mein Fall vom zuständigen Wirtschaftsministerium bearbeitet würde. Ich bekäme Nachricht.

Ein Postbote klingelte einige Tage später an meiner Tür und übergab mir ein Päckchen mit amtlichem Stempel. In ihm befand sich ein Taschenschirm, ein Knirps, mit Begleitschreiben. Sehr geehrter Herr, wir dürfen ihnen in der Anlage das Modell 000, den amtlichen Rettungsschirm für kleine Leute, überreichen. Und zum Schluss stand da noch – spannen sie ihn auf, dann geht es ihnen nie mehr nass rein! Ihr Wirtschaftsministerium.

Mit einem Aufschrei fuhr ich aus meinem Traum hoch. Klatschnass. Ich schlurfte wie gerädert durch die bereits von der aufkommenden Dunkelheit dämmrige Wohnung zum Fenster, das auf die Straße zeigt. Gott sei Dank! Unter einer Straßenlaterne stand mein alter Ford. Nach einem Glas Wasser in der Küche ging ich ins Bett, welches ich bis zum nächsten Morgen nicht mehr verließ.

Q

Wäre schon interessant, was dieser gerissene Huber noch alles vorhatte und inwieweit er dabei diesen zweifellos abhängigen Mitarbeiter ausnutzen würde. Dennoch, die Sympathien des Lektors für das gerade Konsumierte, hielten sich in Grenzen.
In seiner Kindheit hatte er mit seinen Eltern über einem Wienerwald, also einer Hähnchenbraterei, gewohnt. Besonders in den Sommernächten, wenn sie die Fenster aufließen, weil es sonst in den Räumen zu heiß wurde, durchdrang der Geruch gebratener und frittierter Hähnchen die ganze Wohnung und setzte sich in Allem fest. Dieser impertinente Duft legte sich nicht nur auf den Leib sondern auch auf die Seele. Besonders dort hinterließ er bei ihm tiefe Wunden, die bis zum heutigen Tage nicht gänzlich vernarbt waren. Theoretisch war es möglich, dass er in dieser Phase seines Lebens entscheidend geprägt wurde. Seine Fähigkeit, oder auch Schwäche, sein Umfeld kaum oder gar nicht wahrzunehmen, konnte ohne weiteres aus dieser Zeit stammen. Musste er sich doch damals tagtäglich gegen diesen schrecklichen Gestank wehren. Irgendwann, aus reinem Selbstschutz und seinem natürlichen Überlebenswillen, war es ihm gelungen, die Geruchswahrnehmungen soweit zu unterdrücken, dass er mit diesen grausigen Hähnchen leben konnte. Eigentlich war es schon fast heldenhaft, wie er der Leseprobe mit all ihren Düften, die ihn nach so vielen Jahren erneut aufs äußerste peinigten, über die gesamte Distanz standhielt. Aber der Autor konnte ja nicht ahnen, was er in seiner Jugend durchgemacht hatte. Warum ihn also dafür bestrafen und das Werk gleich auf die Seite legen. Es wäre nicht fair gewesen.
Nun aber war der Zeitpunkt gekommen, der nach einer sauberen Distanzierung zu diesem Roman verlangte.

Beherzt gab er dem nächsten literarischen Unternehmen eine Chance.

„Frau Molitor und der Zirkus"

„Ich begrüße sie Frau Cornelia Molitor, was kann ich für sie tun?", fragte der Psychiater Henry Panzer, während er bei gleichzeitigem festem Blickkontakt, die Hand der ihm gegenüber stehenden Dame schüttelte. „Aber nehmen sie doch bitte erst mal platz".

Frau Molitor setzte sich auf einen bequemen Stuhl, der vor dem Schreibtisch des Doktors stand. Sie wusste nicht so recht wie sie beginnen sollte.
„Keine Hemmungen, frei von der Leber weg".
„Wissen sie Herr Doktor, es ist eine längere Geschichte und es passierte in der Nacht".
„Im Traum"?
„Wahrscheinlich".
„Wenn das so ist, dann legen sie sich besser dort drüben auf die Couch", empfahl der Arzt freundlich mit einer einladenden Handbewegung.
Frau Molitor tat wie ihr geheißen. Der Mann im weißen Kittel setzte sich mit Stift und Block neben sie.
Nach einer behutsamen Aufforderung des Doktors begann sie zu erzählen.

Q

„Als ich gestern im Bett lag und schon fast eingeschlafen war, überkam mich urplötzlich ein komisches Gefühl. Irgendetwas beunruhigte mich sehr. Es war, als ob sich außer mir noch jemand in meinem Zimmer befand. Mich beschlich ein äußerst beklemmendes Gefühl, welches ich nicht verdrängen konnte. Ich musste mich förmlich zwingen das Licht noch einmal anzumachen. Dann schaute ich all meinen Mut aufbringend, wie ein kleines Kind, unter meinem Bett nach. Es war niemand da. Oder hatte ich meinen Besucher, oder wer oder was immer es war, nur nicht gesehen? Was nun? Aufstehen und ein Glas Milch trinken? Vielleicht doch eine von den Tabletten nehmen, die ich manchmal nahm, wenn ich nicht einschlafen konnte? Ich war unschlüssig. An Schlaf war jedenfalls nicht zu denken.

Schließlich rief ich hysterisch, wahrscheinlich um mir selbst Mut zu machen, „wer du auch bist, zeig dich endlich"!

Frau Molitor machte eine Pause und musterte das entspannte aber aufmerksame Gesicht des Psychiaters. Anscheinend entsprach ihr, wie sich der Arzt verhielt, denn sie fuhr fort.

„Ich rief wieder, zeig dich doch endlich"!
Darauf war mir, als ob ein starker Scheinwerfer angeschaltet worden wäre. Mein Schlafzimmer war in gleißendes Licht getaucht. Schützend hielt ich einen Arm vor meine Augen. Über diesen blinzelnd, erkannte ich einen großen, stattlichen Mann mit gezwirbeltem Schnauzbart, der eine prächtige Uniform trug. Dazu ertönte leise Musik. Zirkusmusik! Der Mann vor mir verbeugte sich, während er seinen Zylinder vom Kopf nahm. Er war zweifellos ein Zirkusdirektor.
„Ziehen sie sich das besser über, die Nächte sind schon ziemlich kühl!", mit diesen Worten warf er mir ein goldenes Cape zu.
„Folgen sie mir!", fuhr er, scheinbar keinen Widerspruch duldend fort.
„Aber", wagte ich mit dünner Stimme einzuwenden. Doch ich war schon aufgestanden und begleitete den mysteriösen nächtlichen Besucher durch einen Vorhang, den ich vorher noch nie gesehen hatte, aus meinem Schlafzimmer.
Vor mir, nur getrennt durch einen weiteren großen Vorhang, der in der Mitte einen Spalt offenstand, erkannte ich eine Zirkusmanege, in welcher gerade drei mit Federboas geschmückte Schimmel zum Knall der Peitsche des Dompteurs ihre Runden drehten.
„Was hat das alles zu bedeuten?", fragte ich meinen ganzen Mut zusammennehmend.
„Schauen sie auf die Zuschauerränge. Wie viele Besucher können sie erkennen"?

Ohne eine Antwort abzuwarten fuhr er fort, „zu wenig, viel zu wenig um dieses Unternehmen am Leben halten zu können", seufzte er.
„Wir haben eine ausgemachte Pechsträhne. Seit mindestens einem Jahr geht es kontinuierlich bergab. Zuerst verendete die Hälfte unserer Tiere an einem seltsamen Fieber. Unser Programm wurde gekürzt. Die Gäste blieben mehr und mehr aus. Ich musste Personal entlassen. Trotzdem hat die restliche Belegschaft mutig weiter gekämpft. Dann vorgestern!", der Zirkusdirektor seufzte und holte tief Luft.
„Unser Seiltänzer stürzte und brach sich ein Bein. Aber es kam noch schlimmer! Die Frau und Partnerin unseres Messerwerfers Luigi, brannte gestern mit unserem schwarzen Herkules Mustafa durch. Sie können sich vorstellen was das bedeutet. Kein Seiltänzer, kein Kraftsportler und keine Assistentin für unseren Messerartisten mehr. Normal müsste ich sofort zusperren. Aber die laufenden Kosten"!
Ich hatte mich soweit gefangen, dass ich ihn entschlossen an seinem Jackenärmel packte und so in seinem Vortrag unterbrach.
„Das tut mir ja alles schrecklich leid, doch was habe ich damit zu tun"?
„Nun ja, sie wurden mir als Retterin empfohlen."
„Warum gerade ich und von wem"?
„Einer meiner treuesten und erfahrensten Mitarbeiter ist unser Magier Cadabra. Ich wusste mir gestern einfach nicht mehr zu helfen, da habe ich ihn um Rat gebeten. Als ich ihm erzählte was mich bedrückt hat er ein sehr ernstes Gesicht gemacht und dauernd genickt, während ein Rabe auf seiner Schulter fürchterlich kreischte. Ich wollte mir gerade die Ohren zuhalten, da zog Cadabra ein großes seidenes Tuch mit Schwung vom Tisch. Darunter erschien eine in allen Farben leuchtende Glaskugel. Der Rabe war verstummt".
„Wir müssen diese magische Kugel befragen", flüsterte der Zauberer vor sich hin. Dann verfiel er in ein leises Murmeln, während seine knochigen Hände dauernd über die vor ihm stehende Glaskugel strichen.
„Da hätten wir jemand", sagte er plötzlich fast triumphierend.
„Eine leibhaftige Jungfrau mit allen Tugenden ausgestattet. Sie wird dem Zirkus helfen".
„Wie?", fragte der Zirkusdirektor.
„Sie werden die Dame heute Nacht zu Hause abholen und für die Frau des Messerwerfers in unserem Programm einsetzen".

„Das kann ich nicht verantworten", protestierte der Direktor, allerdings mit wenig Überzeugungskraft, „sie wissen selbst wie fertig Luigi ist, er zittert doch am ganzen Körper wie Espenlaub. Was können da seine Messer anrichten"!
„Deshalb diese reine Seele von einer Frau, ihr kann die gefährlichste Waffe nichts anhaben. Außerdem, meine Kugel lügt nicht".

Q

„Ich hatte keine Wahl", murmelte der Zirkusmann bedauernd, „der Magier steckte mir eine Adresse zu, auf der Ihr Name stand. Trotzdem möchte ich sie noch einmal darauf hinweisen, wie gefährlich die ganze Sache für sie werden könnte. Es wäre fürchterlich falls ihnen etwas passierte".
„Und nun", fragte ich komischerweise von einer gewissen Neugier befallen, "was hätte ich denn zu tun"?
„Nichts Einfacheres als sich auf eine rotierende Holzscheibe schnallen zu lassen, auf die dann der verlassene Ehemann seine Messer wirft, bis sie von diesen komplett eingesäumt sind".
„Damit wäre ihnen wirklich geholfen"?
„Zumindest für die laufende Vorstellung. Sollte der Messerwerfer auch nicht auftreten, wollen die Besucher bestimmt ihr Geld zurück. Und dann gute Nacht! Lassen sie mich ganz offen sein. Wir haben noch zwei Artistinnen in unserem Team, meine Frau eingeschlossen, die für diese Nummer in Frage kämen. Aber Fehlanzeige! Sie lassen sich für nichts in der Welt dazu bewegen. Das Vertrauen in Luigi ist einfach nicht mehr gegeben."
„Wann ist mein Auftritt"?
Ich hörte mich diese Frage stellen. Warum? Was ging in mir überhaupt vor?
„In zwei Minuten", der Direktor zupfte nervös an meinem goldenen Cape, das ich nicht ganz ohne Stolz trug.
„Sie müssen immer daran denken, dass sie unverletzbar sind. Toi, toi, toi".

Q

Ein hagerer südländischer Typ mit einer Hakennase, in einem eng geschnittenen dunklen Anzug, hatte sich zu uns gesellt und reichte mir eine erkennbar zitternde Hand.

„Willkommen in meiner Show", flüsterte er heiser, während er sich leicht verbeugte.

Bevor ich etwas erwidern konnte, führte er mich bereits in die Manege. Dort wurde ich tatsächlich mit Lederriemen auf ein großes rundes Brett geschnallt. Dieses wurde sogleich von einem Gehilfen in Rotation versetzt. Es drehte sich so schnell, dass mir ganz schwindlig wurde. Ein Raunen ging durchs Publikum. Dann hörte ich nur noch ein pochendes Geräusch neben mir. So als ob jemand mit einem Hammer auf eine weiche Unterlage klopft. Irgendwann verlor das rotierende Rad an Fahrt und blieb schließlich stehen. Der Applaus von den Rängen brachte mich in die Wirklichkeit zurück. Nun sah ich, was neben mir gepocht hatte. Es waren die Messer, die sich haarscharf neben meinem Körper in das Holzbrett gebohrt hatten.

Luigi war zu mir getreten, küsste galant meine rechte Hand, während er sich mehrmals in Richtung Publikum verbeugte.

„Nur ein kleines Malheur", sagte er ruhig auf meinen rechten Oberarm deutend.

Auf diesem war ein schmaler Schnitt zu sehen, aus dem eine dünne Blutspur rann.

Q

Der Zirkusdirektor war hinzugetreten und bedankte sich bei uns für die gezeigte Leistung und bei den Besuchern für deren Applaus. Danach führte er mich, begleitet von einem Marsch der Zirkuskapelle, durch den großen Vorhang zur Manege hinaus.

„Cadabra hatte mit allem recht. Es ist gut gegangen. Das liegt sicher an ihrer Persönlichkeit. Ich gehe davon aus, dass sie ihr Talent auch weiterhin unserem Zirkus zur Verfügung stellen werden".

Bevor ich eine Antwort geben konnte, befand ich mich wieder in meinem Schlafzimmer. Erschöpft fiel ich in mein Bett und schlief sofort ein.

Q

Heute Morgen hatte ich leichte Kopfschmerzen. Mir war irgendwie komisch. Noch im Bett liegend begann ich zu grübeln. Was war in dieser Nacht mit mir passiert? Ich konnte mich nicht erinnern. Auf meinem Kopfkissen entdeckte ich ein paar getrocknete Blutstropfen. Es war, als ob mir plötzlich die Haare zu Berge standen. Vorsichtig drehte ich meinen Kopf in Richtung meines rechten Oberarms. Da sah ich diesen Schnitt. Er war sehr fein. Die Wunde hatte sich geschlossen. Aber sehen sie selbst Herr Doktor".

Der Psychiater schaute sich interessiert die schmale Wunde an. Junge Frauen, die mit ihren Träumen nicht klar kamen, war eine Sache, ging es ihm durch den Kopf. Aber dies konnte vielleicht auf autoaggressives Verhalten hinweisen. Denn dass diese Wunde von einem Messerwerfer stammte, war wohl nicht anzunehmen. Zweifellos eine interessante Patientin.
„Sagen sie Frau Molitor, gibt es sonst noch einen Hinweis auf vergangene Nacht"?
„Jetzt wo sie fragen. Auf dem Stuhl neben meinem Bett lag ein goldenes Cape, eins wie es Zirkusartisten tragen".
Henry Panzer, zweifellos eine gewisse Kapazität auf seinem Gebiet, wurde sichtlich nervös. Was wurde hier gespielt? Leichte Schweißperlen bildeten sich auf seiner Stirn. Er kannte bisher keinen Fall, wo aus einem Traum ein Gegenstand mit in die Realität gebracht worden war.
„Es besteht kein Zweifel…?", tastete er sich vorsichtig vor.
Seine Patientin schüttelte den Kopf.
„Wir werden gemeinsam an ihrem Problem arbeiten. Einverstanden"?
„Sicherlich, doch was soll ich machen, wenn der Zirkusdirektor mich heute Nacht wieder abholt. Einerseits würde ich dem Zirkus gerne helfen. Andererseits habe ich irgendwie Bammel vor dieser Messerwurfnummer. Verstehen sie"?
Der Arzt nickte bedächtig. Anscheinend auch noch ein ausgeprägtes Helfersyndrom. Akute Selbstmordgefahr aufgrund ihrer Neigung zur Selbstverstümmelung meinte er nicht zu erkennen.
„Vielleicht war das Ganze ein einmaliger Traum und sie haben sich in diesem nur am Oberarm gekratzt, deshalb sollten wir nichts

überstürzen. Folgender Vorschlag. Sie vereinbaren mit meiner Sekretärin wöchentliche Termine. Sie werden sehen, wir bekommen das Problem in den Griff. Nur zu ihrer Sicherheit. Falls ihnen heute Nacht etwas Ähnliches wie letzte passieren sollte, kommen sie bitte gleich morgen wieder in meine Sprechstunde. Sind sie damit einverstanden"?

Q

Es war nach 17 Uhr des nächsten Tages. Frau Molitor hatte sich wieder in der Arztpraxis eingefunden. Man ließ sie nicht lange warten, schließlich hatte man vereinbart dass……

„Hallo, ich hoffe sie haben gut geschlafen", trat ihr Panzer gespielt locker entgegen.
„Wie man es nimmt Herr Doktor".
„Wie darf ich das verstehen? Aber setzen sie sich doch".
Seine Patientin räusperte sich, als ob sie einen Kloß im Hals hätte.
„Es ist mir wirklich peinlich, dass ich sie schon wieder konsultieren muss, aber ich komme anscheinend mit mir und meinem Leben nicht mehr zurecht".
Frau Molitor begann zu weinen.
„Beruhigen sie sich bitte. Ich würde sagen, sie legen sich wieder auf die Couch und dann frei von der Leber weg. Sie werden sehen, es wird ihnen gut tun".
Die Patientin folgte seinem Rat.
„Und nun?", ermunterte nochmals Doktor Panzer.
Ein tiefer Seufzer, dann begann eine monotone, ihm fast unbekannte Stimme zu erzählen an.

Q

„Es war nach 21 Uhr. Ich war früh zu Bett gegangen und fast eingeschlafen, weil ich so kaputt war. Erst verspürte ich einen kühlen Luftzug, dann eine Hand auf meiner Schulter. Ich bekam eine

Gänsehaut. Meine Augen traute ich mich kaum zu öffnen. Eine Stimme sprach mich an.

„Wo bleibst du"?

Es war zweifellos Luigi.

Ohne weitere Erklärungen, nahm er mich auf die Arme und entführte mich aus meinem Bett. Ich war wie erstarrt, nicht in der Lage irgendwie zu reagieren.

Schließlich fand ich mich in dieser Manege wieder.

Die Vorstellung verlief wie am Abend zuvor. Auch diesmal kam ich glimpflich davon. Lediglich eine Schramme am Oberschenkel trug ich davon. Sehen sie"?

Frau Molitor hatte den Rock etwas nach oben gezogen. Tatsächlich, eine Schnittwunde, sogar etwas größer als am Oberarm, war zu erkennen.

„Aber das ist leider noch nicht alles. Nach dem verlassen der Manege zog mich der Messerwerfer mit den Worten, „auf eine Frau wie dich habe ich schon immer gewartet", an sich, gab mir einen langen Zungenkuss und machte mir dann wie in Ekstase noch einen Knutschfleck auf den Hals. Mit den Worten, „du gehörst jetzt mir", verließ er mich".

Der Psychiater war mit seinem Stuhl etwas näher gerückt und musterte interessiert den Hals seiner Patientin. Tatsächlich, ein großer in verschiedenen Farben schillernder Fleck zierte diesen schlanken Hals. Wieder so ein unangenehmer Schweißausbruch ärgerte sich Panzer und fuhr sich mit dem Jackenärmel über die Stirn.

Mehrere solcher Patienten und er müsste sich dringend selbst behandeln lassen ging es ihm durch den Kopf. Unangenehm, äußerst unangenehm. Was war hier Traum oder Wirklichkeit?

„Wo ist nun ihr Problem junge Frau. Träume, noch dazu ereignisreiche wie dieser, sind etwas ganz Normales", versuchte der etwas ratlose Arzt das Gehörte und Gesehene zu verniedlichen.

„Aber Herr Doktor, haben sie nicht verstanden, der arme Zirkus mit all seinen Problemen verlässt sich darauf, dass ich ihm helfe. Allerdings, dass Luigi mich so brutal geküsst hat, gibt mir schon zu denken. Dann diese Verletzungen. Stellen sie sich vor, er wirft irgendwann richtig daneben".

Der Psychiater überlegte einen Moment, während sich auf seiner Stirn einige Falten bildeten und seine rechte Augenbraue zu zucken begann. Ein Reflex seines Körpers, der sich im Laufe der Jahre eingestellt hatte und immer auftrat, wenn er angestrengt nachdachte. Ausgeprägtes Helfersyndrom, dann eine typische Jungfrau, wie schon dieser Cadabra sagte, mit ihren äußerst ausgeprägten sexuellen Träumen, konstatierte er schließlich. Blieb nur die Frage, wie bringt man sich selbst einen Knutschfleck bei? Und dann diese Schnittwunden. Wohl doch eine etwas komplexere Angelegenheit. Er nahm sich vor, diesen Fall mit einem Kollegen zu besprechen.

„Frau Molitor wir sollten uns in Kürze wieder treffen. Wie sie sehen, habe ich mir fleißig Notizen gemacht. Bis zu unserem nächsten Termin werde ich anhand dieser sicher eine Lösung gefunden haben. Einverstanden"?
„Ja, natürlich Herr Doktor, vielen Dank".
„Wir sehen uns dann in ein paar Tagen. Vereinbaren sie bitte mit meiner Helferin noch einen genauen Zeitpunkt. Auf Wiedersehen".

Q

Ein Blick auf die Armbanduhr, die Sternheim daran erinnerte, dass es vor dem Abendessen Zeit für einen Aperitif war. Vor Feierabend gönnte er sich deshalb noch einen doppelten Wodka.
Dass ihn dieser Zirkus auch so lange aufgehalten hatte. Es war schon kurz vor acht. Wie lange war er eigentlich nicht mehr in einem Zirkus gewesen? 30 Jahre? Oder sogar mehr? Seine diesbezüglichen Erinnerungen hatten jedenfalls durchwegs etwas mit seiner Kindheit zu tun. Schon wieder seine frühe Jugend. Erst diese Wohnung mit dem Hähnchengeruch und nun der Zirkus. Obwohl dieser nicht so streng roch. Aber einen typischen Geruch hatte es auch dort gegeben. Der Lektor versuchte sich daran zu erinnern. Egal, mit dem Fräulein das sich zum Psychiater begab, nur weil es träumte, konnte er nicht viel anfangen. Genaugenommen, fand er selbstkritisch, müsste er demnach jeden Tag zum Seelenklempner gehen. Träume, Phantasien, wo käme man hin, wenn man diese nicht hätte, beziehungsweise sogar leben würde. Sie sollte sich gefälligst ohne fremde Hilfe um den notleidenden Zirkus kümmern und nicht Ärzte konsultieren, die damit ihr Geld verdienten andere Menschen zu desillusionieren. Schlösse er sich der Auffassung und der

Handlungsweise der jungen Dame an, könnte er sich symbolisch gleich mit in den Absage-Korb legen, in dem sie gerade landete.

Q

Das Abendessen in seinem Stammlokal folgte dem gewohnten Ablauf. Nur mit dem Unterschied zum Montag, dass es heute Schlachtplatte mit Sauerkraut und Salzkartoffeln gab. Zu diesem deftigen Essen, leistete er sich neben dem Bier, immer einen Klaren. Als er das Lokal verließ, fiel ihm ein an der Ausgangstür angebrachtes Zirkusplakat in die Augen. Wie war das mit dem Geruch, schoss es ihm sofort wieder durch den Kopf. Die Vorstellung begann um 21.00 Uhr, also in 10 Minuten. Sollte er vielleicht seine gewohnten Pfade verlassen? Unschlüssig stand er auf der Straße herum. Direkt neben ihm hielt ein Auto. Der Fahrer streckte seinen Kopf zum Fenster heraus und fragte, „Taxi"? Sternheim stieg ein, „zum Zirkus".
Nach kurzer Fahrt verließ er das Gefährt und fand sich in einer kleinen Menschenschlange wieder, die ihn direkt vor die Zirkuskasse schob. Ihm wurde ein teurer Platz verkauft, da ihm die zur Verfügung stehenden unterschiedlichen Sitzplatzkategorien nichts sagten. Man führte ihn zu einem gepolsterten Logenplatz, auf den er sich setzte.
Die Vorstellung begann. Der Lektor rümpfte seine Nase. Da war es. Ein leichter Luftzug, der entstanden war, weil drei Pferde im Galopp die Manege umrundeten, wehte zu ihm herüber. Genau! Es war diese Sägespäne, vermischt mit Schweiß und Pferdeäpfeln, die verfeinert durch den Geruch von Popcorn und anderen Süßigkeiten, die die Zuschauer zu sich nahmen, diesen typischen Zirkusgeruch erzeugte. Nachdem der Lektor mit Bedacht, drei tiefe Atemzüge dieser Luft inhaliert hatte, war er sich seiner Sache sicher. Es war genau der Geruch an den er sich in seinem Büro nicht mehr erinnern konnte. Der Zirkusbesuch hatte sich zweifellos gelohnt. Er erhob sich von seinem Logenplatz und strebte dem Ausgang zu. Als er diesen passieren wollte, versperrte ihm ein livrierter Mann den Weg.
„Mein Herr, das hier ist der Ausgang. Wollen sie denn schon gehen"?
Sternheim sah sich zu einer Antwort genötigt.

„Es ging mir nur um den Geruch".
Der Zirkusmensch gab den Weg frei und sah ihm verdattert
hinterher.

Sternheim wusste wo die Stadtmitte, in der er wohnte, lag. In diese
Richtung spazierend, kam er an einer Bar vorbei, in der ziemlich
Betrieb zu sein schien. Egal, es war Zeit für einen Drink. Die Theke
war bis auf den letzten Platz besetzt. An einen noch freien Tisch
nahe der Tür, setzte er sich.
„Was darf ich ihnen bringen?", ließ sich auch gleich eine, von der
stickigen Kneipenluft und dem Umgang mit der Art von Gästen, die
hier verkehrten, etwas verhärmte Kellnerin, hören.
„Hallo, sie meine ich", sie klopfte dem Lektor kumpelhaft auf die
Schulter, obwohl ihre Bekanntschaft noch recht jung war. Sternheim
schaute die Bedienung leicht abwesend an.
„Rotwein".
„Na also, geht doch", und lächelnd im Weggehen, „Mann oh Mann
ist wohl schon ganz schön fett der Knabe".
Indes war Sternheim glücklich sich wieder an den Zirkusgeruch
erinnern zu können. Es war so etwas wie ein Stück zurück
gewonnener Kindheit. Und in dieser Umgebung hatte eine junge
Frau derart intensive Träume, dass sie sich veranlasst fühlte,
persönlich ein Teil davon zu werden. Sternheim schüttelte den Kopf.
So gut war der Geruch nun auch wieder nicht, dass man gleich
Sehnsucht danach haben müsste. Die eigentlich spannende Frage
war, wie würde sich der Psychiater in der Folge verhalten? Würde er
ihr zu einem Engagement raten? Oder entwickelte er eine Strategie
in entgegengesetzter Richtung? Egal wie er Fräulein Molitor
therapierte, war der Zirkus überhaupt noch zu retten? Der Lektor
schüttelte den Kopf. Er glaubte nicht daran. Es gab zu viele
Unternehmen dieser Art, das wusste er aus vielen von ihm geprüften
Texten. Man musste schon einen ziemlichen Schuss Naivität in sich
tragen wenn man sich auf ein solches Unterfangen einließe. Wenn
der Psychiater korrekt war, dann würde er lediglich eine kleine
Rechnung ausstellen und der Frau ein paar Schlaftabletten
verschreiben. Nach einer Woche hätte sie dann mit Sicherheit ihr
ursprüngliches Vorhaben vergessen.
Aber wer war heute noch korrekt. Mit einem großen Schluck aus
seinem Weinglas verließ er gedanklich die Arztpraxis.

Mit dem Korrektsein war es in dieser Welt nicht mehr besonders gut bestellt. Wer war denn in dieser Zockerhöhle korrekt gewesen? War der Casinobesitzer korrekt, als er versuchte dem vermeintlich leichten Opfer sein Geld abzunehmen. Auf keinen Fall in Ordnung war sein Griff zur Waffe. Oder war der Betrüger der Betrogene. Oder doch der Betrogene der Betrüger. Der vermeintliche Bauunternehmer war gut präpariert. Seine Gehilfinnen, die sich als Prostituierte ausgaben. Dann seine auf Kommando erscheinenden Bodyguards. Das waren keine Zufälle. Würde der Casinomann die ganze Sache auf sich beruhen lassen, oder zu einem gewaltigen Gegenschlag ausholen? Unterm Strich ging es dann gar nicht mehr darum wer korrekt war oder nicht. Je länger die Auseinandersetzung der beiden dauern würde, umso mehr verwischte sich die in Anwendung zu bringende rechtliche Bewertung.
Das verhielt sich anscheinend überall so. Wie konnte man einen unbescholtenen Bürger direkt oder indirekt zwingen, sein altes gegen ein neues Auto einzutauschen? War dies nicht Willkür oder im Fall der Abwrackprämie Nötigung? War dieser Hähnchenfürst ein korrekter Mensch? Man lebte definitiv in einer verkommenen Gesellschaft.

Q

An seinem Tisch nahmen zwei Männer platz, die man in seine momentanen Überlegungen, ohne weiteres im negativen Sinne hätte mit einbeziehen können. Aber eigentlich interessierte ihn in diesem Moment nur, dass gleichzeitig sein vierter Schoppen Wein serviert wurde. Die Bedienung machte dabei in Richtung der zwei fadenscheinigen Burschen, ohne dass Sternheim es merkte, den Kopf zurücklegend mit der Hand eine Trinkbewegung, während sie die Augen verdrehte. Die zwei grienten vor sich hin.

Korrekt, ging es Sternheim wieder durch den Kopf. Wenn er bloß an die letzte Nacht dachte. Wie hatte sich der Werftarbeiter dieser armen Kreatur von Cäsar gegenüber verhalten. Oder seine Frau ihm gegenüber? Oder der Schwarze sich ihm gegenüber oder dem Hund? Schließlich war es auch nicht vollkommen korrekt den Hund scharf zu machen, um den Neger aus dem Haus seiner Frau zu hetzen.

Selbst seine eigene Handlungsweise war aus moralischer Sicht bedenklich, wollte er gestern Nacht Cäsar nicht einfach an einen betrunkenen Fremden verschenken. Im Nachhinein schämte er sich dafür ein bisschen. Aber nur ein kleines bisschen, da sein Erinnerungsvermögen an die letzte Nacht immer noch stark getrübt war.

Der Lektor leerte endlich sein Glas auf einen Zug, in der Hoffnung aus diesem Sumpf von Betrug und Unmoral wieder herauszufinden. Er legte seine Geldbörse auf den Tisch, was immer als Zeichen verstanden wurde, dass er bezahlen wollte. So war es auch diesmal. Er reichte der Bedienung einen Geldschein. Dieser und seinen Tischnachbarn fielen fast die Augen aus dem Kopf, als sie sahen wie viel Geld er in seinem Portemonnaie hatte. Für Sternheim normal. Er war es gewöhnt jeden Monat nur einmal Geld bei seiner Bank zu holen. Der Monatserste war noch nicht weit entfernt.

Q

Mit ihm verließen die beiden finsteren Gesellen das Lokal, als ob sie zu ihm gehörten. Auf dem Weg nach Hause sprachen sie ihn mehrmals an, doch er reagierte nicht. Sie waren ihm gleichgültig. Das Einzige was die beiden unterwegs von ihm hörten, war das laut und deutlich gesprochene Wort, „korrekt". Sie waren sicher, nicht damit gemeint zu sein, deshalb machten sie sich weiter keine Gedanken darüber. Sie wollten diesen ruhigen Menschen in seine Wohnung begleiten und ihn dort ausrauben. Wer soviel Geld mit sich herumtrug, der hatte bestimmt in seinen vier Wänden auch noch einiges an Wertgegenständen. So ging man dahin. Schließlich nahmen ihn seine zwei schrägen Begleiter in ihre Mitte. So wie es Freunde tun würden, die einen nach etwas zu viel Alkoholgenuss nach Hause brachten.
Kurz vor seiner Wohnung begegnete ihnen sein Hundefreund der letzten Nacht.
„Ach Herr Sternheim, schön sie wieder zu treffen"!
Inzwischen gewohnt von ihm keine Reaktion zu erfahren, wandte er sich an seine Begleiter, „wenn ihr ihn in seine Wohnung begleitet, solltet ihr euch in Acht nehmen. Er hat einen großen Hund"!

Diese Warnung aus dem Munde eines Mannes mit einem tiefblauen, zugeschwollenem Auge, verfehlte seine Wirkung nicht.
Nachdem ihr Ratgeber sich entfernt hatte, blieben die beiden Ganoven etwas hinter dem Lektor zurück.
„Hast du das mitgekriegt? Dachte mir gleich dass da was faul ist, so lässig wie der Kerl sich benimmt".
„Glaube da haben wir noch mal Dusel gehabt"!
„Und jetzt"?
„Da vorne ist eine Toreinfahrt, in der nehmen wir ihm sein Geld ab. Das muss eben genügen".
„Hast recht. Möchte nicht gleich wieder in den Bau. Außerdem liegen mir Hunde nicht".
„Also dann"!
Als sie Sternheim, der keinen Widerstand leistete, schließlich um sein Monatssalär erleichtert hatten, gaben sie Fersengeld. Dabei meinten sie noch einmal das Wort „korrekt", gehört zu haben.

Q

Mit Betreten seiner Wohnung hatte der Lektor die aufregenden Minuten des Überfalls schon fast vergessen. Lediglich seine leere Geldbörse erinnerte ihn noch einmal daran. Es fehlte nur das Geld. Das war nicht tragisch. Davon hatte er als Junggeselle genug. Morgen würde er zur Bank gehen und neues holen. Er entkleidete sich, schenkte sich noch einen doppelten Wodka ein und setzte sich im Schlafzimmer auf sein Bett. Diese Nacht sollte der Block auf dem Tischchen neben ihm nicht leer bleiben. Ein paar Notizen am Ende des Tages zu machen war ihm zu einer lieben Gewohnheit geworden. Eine gewisse Abreaktion vor dem Einschlafen.
Er schrieb selbst keine Bücher. Die vielen äußeren Einflüsse, die sein Beruf mit sich brachte und denen er dauernd ausgesetzt war, beeinträchtigten die dafür notwendige Gradlinigkeit seiner Gedanken zu stark. Vielleicht gab ihm dieses Zettel bekritzeln das Gefühl schreiben zu können, wenn er nur wollte.
Was er nun niederschrieb, hatte am nächsten Tag für ihn keinerlei Bedeutung mehr. Die Notizen landeten ohne jede weitere Beachtung im Papierkorb. Schließlich verlangte der neue Tag einen freien, nicht vorbelasteten Kopf.

Noch einmal las er das soeben Geschriebene, bevor er das Licht
ausschaltete und zufrieden seine Augen schloss.

Die Gerüche dieser Welt.
Psychiater sollten korrekt sein.
Glücksspiel ist nichts für Anfänger.
Nur beraubt. Zum Glück ein Hund im Haus.

Mittwoch

Ein schöner, sonniger Tag, von welchem Sternheim allerdings kaum Kenntnis nahm, begleitete ihn am nächsten Morgen auf dem Weg zu seiner Bank. Es bedurfte nicht einmal eines Umweges, da diese direkt neben dem Verlagsgebäude lag. Der Bankmensch musterte den schlanken, unauffällig gekleideten Mann erstaunt, weil er das zweite Mal in diesem Monat exakt den Betrag von 2000 Euro abhob. Das kam sonst nie vor. Ansonsten ging die Transaktion ohne viel Aufhebens im Sinne des Lektors von statten.

Er fühlte sich heute besonders frisch und arbeitswillig. Vielleicht lag es ja an seinem Ausflug in den Zirkus und dem anschließenden nächtlichen Spaziergang. Obwohl er auf seine Beraubung hätte verzichten können, konnte man den Abend durchaus als gelungen bezeichnen. Man brauchte anscheinend ab und zu doch etwas Abwechslung und Unterhaltung. Sternheim nahm sich vor darüber nachzudenken.

Q

„Hunderennen in Rom"

Eine warme Sommernacht vor den Toren Roms. Die Hunderennbahn hell erleuchtet. Eine Band haute mächtig in die Tasten. Die Wetter waren erkennbar heiß. Dauerndes Geplärr aus Lautsprechern, die über Neuigkeiten und sich ändernde Wettquoten informierten.

Noch zehn Minuten bis zum ersten Rennen. Es entstand Bewegung in der Menschenmenge, die sich auf einer großen Tribüne vor dem Ziel aufhielt. Letzte Tipps wurden hinter vorgehaltener Hand, oder Rennzeitung, weitergegeben. Dann schnell zu den Wettschaltern oder Buchmacherständen und seinen Einsatz getätigt.

Sechs Windhunde wurden von Hundeführern in grauen
Arbeitsmänteln am Ziel vorbeigeführt und so dem Publikum
vorgestellt. Dieses sparte dabei nicht mit teilweise äußerst obszönen,
wie auch lobenden Zurufen. Je nachdem, wie der gemeinte Hund
beim letzten Rennen im Sinne der Wetter gelaufen war. Die meisten
Beschimpfungen bekam Henry mit der Startnummer sechs ab. Ein
ganzer Zuschauerblock, wahrscheinlich ein Wettverein, ließ
regelrechte Hasstiraden auf ihn los. Man hatte den Eindruck, dass der
Hund wahrnahm was da passierte. Als er den Block mit den
Krakeelern passierte, zog er regelrecht den Schwanz ein. Sein Führer
schloss sich seiner Haltung an, indem er das Genick einzog. Er
kannte das Geschäft. Wahrscheinlich hatte er Angst, von einem
Gegenstand getroffen zu werden. Der Favorit Benno mit der
Nummer 3, machte dagegen den Eindruck, im Jubel des Publikums
förmlich zu wachsen. Vielleicht war es eine optische Täuschung,
aber je näher er kam, umso größer wurde er. Eins zu eins, entsprach
die Haltung des Führers, wieder der des Hundes.

Signore Tozzi ließ dieses Gehabe vor dem Start absolut kalt. Seine
Entscheidungen hatte er immer schon getroffen bevor er die
Rennbahn betrat. Er, ein elegant gekleideter Fünfziger mit
Oberlippenbärtchen und manikürten Fingernägeln, war vor Ort
unzweifelhaft die Autorität schlechthin. Sein für ihn stets reservierter
Sitzplatz, in der Mitte der Tribüne, war häufig diskret umlagert von
Spielern, die sich von ihm den entscheidenden Tipp erwarteten.
Wenn er sich von seinem Platz erhob, taten ihm das die meisten
Zuschauer auf der Tribüne gleich. Man nannte ihn auf der Rennbahn
auch liebevoll Professore.

Bevor die Windhunde in ihre Startboxen einrückten, wurden sie vom
Platzsprecher noch einmal namentlich vorgestellt. Die Menge
verstummte. Der Startschuss fiel. Hinter einer Art Fuchsschwanz,
der den sogenannten Hasen darstellte, rannten die Wettkämpfer mit
einem unglaublichen Tempo her, als ob es um ihr Leben ginge.
Dabei nutzten sie äußerst clever in den Kurven die Vorteile der
Innenbahn, um dann auf der Geraden wieder zum Überholen
anzusetzen. Bei all diesen Aktionen wurden die Hunde frenetisch
vom Publikum angefeuert. Benno, die Nummer 3, war vom Start
weg mit zwei Längen Vorsprung in Führung gegangen. Die Nummer
6, Henry hielt es mit seiner Startnummer und beendete die erste

Runde als Letzter, auf dem sechsten Platz. Als er dabei das Ziel passierte, drang lautes, schadenfrohes Gelächter von der Tribüne. Herr Tozzi schloss sich diesem nicht an. Seinem Nachbarn linker Hand raunte er, den Mund hinter der Rennzeitung verdeckend zu, „die werden sich noch wundern, diese Banausen".

Ausgangs des ersten Bogens nach dem Ziel, scherte Henry auf die Überholspur aus. Nach der Gegengeraden ging er hinter Benno und der Nummer 4, Luftikus, als Dritter auf der Innenspur in die Kurve. Benno kam mit klarem Vorsprung aber weit heraushängender Zunge auf die Zielgerade, gefolgt von Luftikus. Der Dritte, Henry, schien plötzlich so etwas wie einen Turbo zu zünden. Auf der Ziellinie war er zumindest mit Benno gleichauf. Das Zielfoto musste entscheiden. Auf der Tribüne entstand eine sich immer mehr verstärkende Unruhe. Bis die ersten Zuschauer „Schiebung" riefen. Als dann auch noch der Zielfotoentscheid bekanntgegeben wurde und Henry als Sieger feststand, war die Menge kaum noch zu halten. Herr Tozzi lächelte, solche Szenen hatte er schon hundertfach erlebt. Diese Leute mussten sich einfach mit ihren Schreien selbst Mut machen, um ihr Versagen zu überspielen. Eine wichtige, wenn nicht sogar notwendige Voraussetzung, um für den Einsatz im nächsten Rennen bereit zu sein.

Die Rennbahnband erinnerte mit heißen Rhythmen daran, dass das nächste Rennen in zehn Minuten gestartet würde. Die Zuschauer hatten sich über dem wichtigen Studium der Rennzeitung wieder halbwegs eingekriegt. Nur noch der eine oder andere Verrückte, der bereits im ersten Rennen sein ganzes Geld verloren hatte, wollte keine Ruhe geben. Aber auch das war normal und gehörte zur Rennbahnatmosphäre.

Tozzi wurde von einem kleinen Mann zu seiner Rechten, wie es sich gehörte, mit vorgehaltener Rennzeitung angesprochen. Dieser steckte ihm dabei unauffällig einige Geldscheine in seine rechte Jackentasche. Tozzi flüsterte ihm daraufhin nur zu, „Nummer 5, gequetscht".

Sein Tippnehmer nickte erstaunt und verschwand. Herr Tozzi beugte sich nach links zu seinem Vertrauten.

„Das war Pico, der Schwätzer, der verkauft gleich meinen Tipp an die halbe Rennbahn weiter. Momentan bezahlt die 5, Bello, nur 1 zu 1,5. Wenn die Quote auf mindestens 1 zu 3 gestiegen ist, setzt du 10.000. Das ist unsere Chance heute".

Sein Gehilfe, Nestor, machte sich auf den Weg in Richtung Buchmacher. Tatsächlich stieg die Quote für Bello auf 1 zu 4. Kein Wunder, von einem lautstarken Plappermaul zwei Reihen hinter sich, hatte Herr Tozzi gerade das Wort „gequetscht" aufgefangen. So schnell ging das!

Die Windhunde wurden vorgestellt. Unter ihnen auch der misshandelte Bello. Er sah eigentlich ganz normal aus. Aber das war ja der Sinn der Aktion, eine Manipulation musste unauffällig sein. Das wurde bei Hunderennen dadurch erreicht, dass man dem Hund kurz nach der tierärztlichen Untersuchung, bei der er noch keine Auffälligkeiten zeigte, die Hoden derart stark quetschte, dass vor Schmerzen aus einem Favoriten, schlagartig eine lahme Ente wurde. Ein Mittel, das aufgrund der nicht Nachweisbarkeit, auf allen Hunderennbahnen der Welt immer wieder eingesetzt wurde.
Im Falle Bello handelte es sich allerdings um eine gezielte Fehlinformation um die Quoten nach oben zu treiben. Dem Windhund ging es blendend. Er lief dem Rest des Feldes förmlich davon und verschaffte Herrn Tozzi in diesem Rennen einen Gewinn von 30.000 Euro. Klar dass er in den nächsten Rennen wieder ein paar seriöse Informationen, die er aus unterschiedlichsten Quellen bezog, weitergeben würde. Schließlich lebte er ja von seinem Nimbus und eben den Fehlinformationen, die er ab und zu gab. Dass er trotzdem ein Ehrenmann war, stellte sich gleich heraus. Pico hatte sich wieder von rechts an ihn herangemacht.
„Da haben sie mir und meinen Auftraggebern einen schönen Tipp gegeben. Die Leute sind stinksauer"!
„Was meinen sie wie sauer ich bin. Glauben sie ich habe auf meinen eigenen Tipp kein Geld verloren. Fassen sie in meine rechte Jackentasche und nehmen sie ihr Geld zurück. Schließlich will ich am Unglück Anderer nicht auch noch verdienen".
Tozzi spürte eine flinke Hand in seiner Jackentasche. Auch Pico wusste, hundertprozentige Sicherheit gab es in dieser Branche nicht und verschwand ohne weiteres Aufhebens.

Signore Tozzis Assistent hatte mit dem gerade gewonnenen Geld die Rennbahn unauffällig verlassen. Sicher war sicher. Man hätte auf keinen Fall diese Summe nach dem zweiten Rennen bei seinem Chef finden dürfen. Tozzis Reputation wäre damit bestimmt flöten gewesen.

Tozzi selbst manövrierte sich mit einigen kleinen Einsätzen und Tipps durch den weiteren Abend, bis schließlich das letzte Rennen gelaufen war. Er blieb bewusst bis zum Ende der Veranstaltung. Hätte er sich entgegen seiner Gewohnheit vorher verdrückt, wäre das womöglich unangenehm aufgefallen.

Als einer der letzten Rennbahngäste passierte er den Ausgang und schritt hinüber zum Parkplatz. Dabei kam er an einigen Hütchenspielern vorbei, die versuchten, noch ein paar unermüdliche meist angetrunkene Spieler auszunehmen.

Der Parkplatz bot sich ihm bis auf ein paar Autos leer und verlassen dar. Der Platz, auf dem er sein Auto abgestellt hatte, war verwaist. Er konnte sich drehen und wenden, hinschauen wo er wollte, die verdammte Karre war weg. Sicherlich geklaut.

Q

Die Rennbahn lag inzwischen dunkel und verlassen da. Außer ein paar Freudenmädchen die auf Freier warteten, war auf der schwach beleuchteten Straße die vorbeiführte, keine Menschenseele zu sehen. Von Rom, weit entfernt, sah man nur etwas Licht am Horizont. Ihm wurde etwas unheimlich. Ein Taxi würde er hier draußen schlecht finden dachte er sich und fing automatisch an, in Richtung Rom zu laufen.

Ein Mercedes hielt neben ihm. Vier Damen saßen darin.

„Wo willst du denn um diese Zeit noch hin, Süßer"?

„Eigentlich in die Stadt, aber es gibt hier kein Taxi".

„Kein Problem, wir nehmen dich mit, du musst dich nur zwischen die Ladys auf der Rückbank setzen".

„Mit Vergnügen", entfuhr es Tozzi nach einem Blick in den Fond.

Er fühlte sich auf der Hinterbank des Wagens zwischen den zwei wirklich attraktiven, vielleicht eine Spur zu aufgedonnerten Damen, sofort wohl. Die Wärme ihrer eng an ihm anliegenden Körper erregte ihn zudem leicht. Nach einer gewissen Strecke fragte ihn die Fahrerin,

„haben sie heute noch etwas vor? Wir sind nämlich unterwegs zu einer exklusiven Party, zu welcher sie gut passen würden".

„Ihr Angebot ehrt mich, meine Dame, aber kann ich denn so einfach mitkommen"?

„Ein gepflegter, gut aussehender Mann wie sie, ist in unseren Kreisen immer gerne gesehen".

„Wenn das so ist, nehme ich gerne an".

Seine Entscheidung wurde sicherlich auch dadurch beeinflusst, dass inzwischen die Dame die links neben ihm saß, sein bestes Stück mit ihrer rechten Hand zärtlich streichelte. Während die andere seinen Hals mit ihrer Zunge liebkoste. Nie und nimmer wäre er im Moment freiwillig aus diesem Fahrzeug ausgestiegen. Anscheinend war dies heute sein absoluter Glückstag.

Q

Der Wagen fuhr in einem Randbezirk von Rom über einen Kiesweg vor eine luxuriöse Villa. Von den freundlichen Damen wurde er zum Eingang geleitet. Nach dem Foyer erreichten sie einen großen Salon. Beim Eintreten reichte ihm ein weibisch aussehender Kellner ein Glas Champagner. Auch die anderen Herren sahen etwas fraulich, oder besser gesagt ungewöhnlich aus. Ein Mann, mit ebenfalls erstaunlich weichem Äußeren, näherte sich ihnen. Anscheinend der Hausherr, ging es Signore Tozzi leicht verwirrt durch den Kopf.

„Meine hochgeschätzten Herren, darf ich ihnen Signore Tozzi vorstellen. Er ist heute Abend unser Ehrengast. Er steht ihnen, mit allem was er hat und das soll nicht wenig sein, diese Nacht uneingeschränkt zur Verfügung. Für seine Dienste habe ich ihn heute schon auf der Hunderennbahn fürstlich entlohnt, also bedienen sie sich reichlich".

Tozzi lief es eiskalt den Rücken herunter, während sich die Fahrerin, oder besser der Fahrer des Autos, das ihn aufgelesen hatte, mit dem männlichsten Teil seines Körpers an ihn drückte und ihm ins Ohr flüsterte,

„hier laufen ein paar ganz schlimme Finger herum die dir richtig wehtun können. Wenn du schlau bist, hältst du dich am besten an mich. Ich werde zumindest versuchen zärtlich zu sein. Jetzt zieh dich erstmal aus"!

Q

Obwohl es noch früher Nachmittag war, holte der Lektor die Schnapsflasche aus der mittleren, rechten Schreibtischschublade und bediente sich kräftig aus ihr.

Schätzungsweise würden sie jetzt dem armen Herrn Tozzi die Eier quetschen. Oder irgendetwas in der Art. Obwohl er damit auf der Rennbahn nichts zu tun hatte, beziehungsweise nur ein derartiges Gerücht verbreitete. Allein die Vorstellung was sie in dieser Villa alles mit ihm anstellen würden, erzeugte bei ihm eine Gänsehaut und leichtes Unwohlsein.

Erst vor kurzem lag der Titel, „Transvestiten und ihre Lust", vor ihm auf dem Tisch. Eine verabscheuungswürdige Leseprobe, die er nicht einmal zur Hälfte bewältigte.

Er war froh, dass der ihm vorliegende Stoff endete, bevor es richtig zur Sache ging. Manchmal verstand er die Logik der Autoren nicht. Hätte es nicht gereicht, ihm sein Auto zu stehlen und außerdem eine gewisse Summe zu verlangen? Ging es denn in gewissen Kreisen nur noch um Lusterfüllung? Wäre denn nicht zu seinen Gunsten zumindest anzurechnen gewesen, dass Pico das Geld für den Tipp zurückerhielt?

Eins stand für ihn ab sofort fest. Er würde niemals auf eine Hunderennbahn gehen. So interessant die Rennen auch sein mochten, Tier und Mensch wurden nicht nach seinen Vorstellungen behandelt. Auch Rom hatte sich für ihn im weiteren Sinne erledigt. Dieser Gedanke fiel ihm leicht, da er sowieso nur auf Reisen ging, wenn es sich nicht vermeiden ließ.

Das Absagefach wurde in gewohnter Manier vom Lektor bedient. Ohne weitere Umschweife, als ob er schnellstens auf andere Gedanken kommen wollte, nahm er das nächste Werk in Angriff.

„Zwei kleine Ganoven"

Zwei kleine aber nicht unerfolgreiche Ganoven, Paco und Antonio, kurz Toni genannt, hatten es sich an einem angenehmen Sommerabend im Restaurant Capitan, direkt an der Playa von San Agustin, auf Gran Canaria, gemütlich gemacht.
Sie trafen sich häufig dort, weil man in einer der Nischen, die im Garten des Restaurants lagen, seine Ruhe hatte und gleichzeitig auf das abendliche Meer blicken konnte. Zudem wurden die Longdrinks noch nach klassischer Methode serviert. Der Kellner kam, wie es sich gehörte mit der vollen Flasche an den Tisch und schenkte so lange in das Glas ein, bis der Gast abwinkte. Erst dann wurde Cola, oder was auch immer, zum Verdünnen hinzugefügt. Nach einigen Arehucas, dem braunen kanarischen Rum mit Cola, ging man dann in der Regel zum Abendessen über. Bis dahin tauschte man sich mit Neuigkeiten und allerlei Geschichten von der Insel aus. So auch an diesem Tag.
Paco klopfte seinem Freund Toni lachend auf die Schulter und fing zu erzählen an.

Q

„Wie du weißt, will ich mich mehr und mehr aus meinem aktiven Berufsleben zurückziehen. Man wird älter und ist nicht mehr der Schnellste und Geschickteste. Deshalb bilde ich einige junge Leute zu meinen Nachfolgern aus. Ich hoffe irgendwann von der Provision, die ich von diesen Burschen erhalte, leben zu können.
Heute Nachmittag wartete ich mit einem meiner Schüler, Felipe, hinter dem Tropical, gegenüber dem Busbahnhof, auf ein geeignetes Opfer. Wie du weißt, muss man von San Agustin kommend, erst eine riesige Treppe erklimmen, um diesen Platz zu erreichen. Viele der oben Ankommenden schnaufen und schwitzen dann fürchterlich. Besonders die Übergewichtigen. Die ziehen sich dann häufig sofort ihr Hemd aus, um anschließend mit freiem Oberkörper weiter zu gehen. In dem Moment wo sie ihr Oberteil über den Kopf ziehen, ist die beste Möglichkeit für einen Taschendieb zuzugreifen. Sein Opfer

ist ja so gut wie blind und außer Atem. Besser kann man es nicht antreffen. Dieser Dussel Felipe greift also von vorne in die Hosentasche eines vermeintlichen Opfers, in diesem günstigen Moment. Gut getroffen sollte man meinen. Doch weit gefehlt! Sein Gegenüber zieht genau in diesem Moment sein Shirt wieder nach unten. Mein Lehrling war plötzlich gefangen. Sein Körper gefesselt im Hemd des zu Bestehlenden, seine rechte Hand in dessen linker Hosentasche. Eine nicht voraussehbare Entwicklung. Die Situation spitzte sich zu. Eine Passantin begann plötzlich fürchterlich zu schreien. Mein Schüler zog sozusagen die Reißleine. Er rammte in größter Not, ein Knie in die Weichteile seines mit dem Hemd Vereinten. Dieser machte darauf eine von einem Aufschrei begleitete Verbeugung nach vorne. Felipe nutzte den so entstandenen Freiraum um aus dieser Falle hinauszuschlüpfen. Als wir uns schließlich ein paar Straßen weiter trafen, hielt er mir stolz die Beute, eine Geldbörse, entgegen.

„Reife Leistung", lobte ich ihn, „aber an dieser Nummer müssen wir trotzdem noch etwas arbeiten".

Q

„Nicht schlecht", Toni lachte herzlich, „ein Glück dass es diese Touristen gibt! Pass auf, weil du gerade von diesem Platz erzählst. Es gibt da oben auf der Meerseite des Tropicals, an dieser schönen Promenade, einen Restaurantbesitzer, Enrique, der schon wochenlang hinter einer Señora her ist. Sie war recht häufig bei ihm zu Gast. Aber egal welche Aufmerksamkeiten er sich einfallen ließ, sie ging nicht im gewünschten Maße darauf ein. Sein Werben schien erfolglos. Damit wollte er sich aber nicht abfinden. Er schilderte sein Leid einem Freund, der ihm dann den entscheidenden Tipp gab. Das Ergebnis, ein total zugeschwollenes blaues Auge und eine riesige Beule auf der Stirn. Seine Verletzungen konnte ich neulich Abend, in seinem Restaurant bewundern. Auf meine Nachfrage wollte er nicht so richtig mit der Sprache heraus. Nachdem wir spät abends einige Viertel Rotwein intus hatten, war er allerdings so weichgekocht, dass seine Story nur so aus ihm heraussprudelte.

Der Freund hatte ihm klargemacht, dass man Frauen nur durch eigene, überzeugende Taten erringen könne. Auf Enriques Nachfrage wurde das Prinzip erklärt. Dieses dann in Gestalt eines Gewichthebers und nebenberuflichen Geldeintreibers, der zum Schein die Angebetete belästigen und dabei von Enrique vertrieben werden sollte, in die Tat umgesetzt. Seinen Entschluss hatte er schnell gefasst, weil die Sache vielversprechend schien und das zu bezahlende Honorar der Wichtigkeit des Unternehmens allemal entsprach.

Aber der Reihe nach.

Noch am gleichen Abend hatte Enrique, stark parfümiert und frisch frisiert, Stellung vor seinem Lokal bezogen. Seine erwartungsvolle Freude steigerte sich von Minute zu Minute, während er der Dinge harrte. Er wusste dass die Dame seines Herzens jeden Abend zur gleichen Zeit an seinem Restaurant vorbei flanierte. Sie musste jeden Augenblick nicht kommen, sondern erscheinen.

Da schritt sie auch schon einher seine Traumfrau. Ehrerbietig wie immer grüßte er die Dame. Dass er kaum wahrgenommen wurde entging ihm sicherlich aufgrund seiner Erregung.

Nun trat der Fall ein, auf den er gewartet und für welchen er bezahlt hatte. Ein Hüne von Mann hakte sich einfach bei der Señora unter. Enrique schritt entschieden ein. Er umklammerte den Hals dieses Wüstlings entschlossen und beschimpfte diesen auf das Übelste.

Sein Pech war allerdings, dass es sich um den Verlobten der Dame handelte. Der bezahlte Unhold hatte sich verspätet.

Schließlich wurde er von den Fäusten seines Widerparts schwer getroffen. Das Resultat, dieses blaue Auge und die Beule. Der Versuch seine Herzensdame zu beeindrucken und so zu gewinnen, war gänzlich misslungen.

Wenn du jetzt glaubst, dass der liebeskranke Enrique nun geheilt wäre. Weit gefehlt! Er schmiedet schon wieder neue Pläne. Er ist sich sicher, dass sie mit ihrem Begleiter, welcher ihn so schlimm verprügelt hatte, bestimmt über kurz oder lang Ärger bekäme. Dieser wäre auf keinen Fall ein Mann fürs Leben. Darin läge seine Chance. Enrique würde warten und geduldig die Entwicklung beobachten. Er hatte Zeit! Im richtigen Augenblick wäre er dann wieder zur Stelle. Eine Frau dieser Klasse, dürfte man nicht gleich nach dem ersten Versuch aufgeben. Wer so handelte wäre kein Ehrenmann. Vor allem nicht zielstrebig und zuverlässig.

Ich bin auf jeden Fall gespannt, was er sich als nächstes einfallen lässt."

Q

Ihr Abendessen, eine gegrillte Dorade mit viel Knoblauch und kleinen Kartoffeln, wurde serviert. Dazu diese scharfe rote Soße. Paco schnalzte vor Appetit mit der Zunge und schenkte seinem Freund und sich ein Glas Weißwein ein.

„Was ist es diesem Enrique denn wert, wenn er eine zweite Chance bekäme"?

„Wenn sie vielversprechend wäre, sicherlich einiges. Warum fragst du"?

„In erster Linie stört doch dieser Verlobte. Ich glaube nicht, dass der hundertprozentig sauber ist. Krumme Sachen oder Weibergeschichten, irgend so was müsste man über ihn doch herausfinden. Dann könnte man eventuell Schicksal spielen. Was meinst du dazu"?

„Gute Idee, aber wie willst du das anstellen"?

„Zuerst wirst du über Enrique herauskriegen, wer dieser Kerl ist, wo er wohnt und so weiter. Aufgrund der Schlägerei gibt es bestimmt Hinweise auf ihn. Danach setze ich für ein paar Tage zwei Lehrlinge von mir auf ihn an. Die werden ihn Tag und Nacht beobachten. Wenn die was herausfänden, was für uns interessant wäre, trittst du mit diesem Enrique in Verhandlungen. So weit klar"?

„Und falls wir nichts finden"?

„Äußerst unwahrscheinlich! Und wenn schon. Dann schieben wir diesem Typen irgendetwas unter".

„Wie meinst du das wieder"?

„In erster Linie geht es doch wohl darum, dass wir deinem Freund zu seinem Glück verhelfen oder? Manchmal muss man eben diesem einfach ein bisschen nachhelfen".

„Wie stellst du dir das vor"?

„Man braucht ihn doch bloß zum Beispiel ein paar Mal mit irgendwelchen Damen die sich ihm an den Hals hängen ablichten. Oder so ähnlich. Klar die Weiber besorgen wir. Was glaubst du wie schnell die Braut weichgekocht ist, wenn sie mehrere Fotos dieser Art anonym zugeschickt bekommt".

„So weit würdest du gehen"?

„Gegenfrage, was hat denn dieser Enrique auf der Naht? Du sagtest doch ihm wäre die Geschichte einiges Wert".

„Soviel ich weiß, besitzt er hier im Süden drei Restaurants und in Las Palmas einige Häuser".

„Wunderbar, wenn das kein Argument ist sich voll für deinen Freund zu engagieren"!

„Gut, gut, aber nun essen wir erst mal unseren Fisch, bevor der kalt wird".

Q

Der Lektor leckte sich mit der Zunge die Lippen. In diesem Ambiente einen frisch gegrillten Fisch mit einem glas trockenem Weißwein genießen, eine köstliche Vorstellung.

Kriminelle mochte er grundsätzlich nicht. Doch wenn jemand ausnutzte, dass ein anderer in der Öffentlichkeit eines dieser unappetitlichen Hemden ohne Kragen und unter den Armen tief ausgeschnitten trug und ihn deshalb überfiel, dann musste er dies aus ästhetischen Gründen uneingeschränkt akzeptieren. Noch mehr, er war diesem Menschen dankbar. Bestrafte dieser doch in Konsequenz durch sein Handeln diese modische, wie sicherlich auch geistige Verirrung.

Wenn nach einem Überfall in der Zeitung berichtet wurde, dann machte es doch für den Leser in der Bewertung des Geschehens einen deutlichen Unterschied, ob es sich bei dem Überfallenen um einen gut gekleideten Herrn, oder um einen Menschen mit einem dieser stoffarmen Oberteile handelte. In einer Bank zum Beispiel, trugen alle Angestellten Anzug und Krawatte. In der Regel kassierten die Täter sicherlich nicht zuletzt deshalb höhere Haftstrafen für einen Banküberfall, als wenn sie eine Würstchenbude, mit einem Verkäufer, der einen fleckigen Kittel trug, überfielen. Einfach weil Bankangestellte besser gekleidet waren und ein höheres Ansehen genossen als Würstchenbrater.

Natürlich hatte der Überfallene im Nachhinein prinzipiell nichts von dieser Betrachtungsweise. Allerdings war es für diesen nicht unerheblich und schlussendlich auch eine Frage der Ehre, wie hart die Justiz einschritt und wie wichtig seine Person dadurch in den Medien zur Geltung kam.

Sternheim wurde bei diesen Gedanken nachdenklich. Trotzdem las man häufiger von Überfällen auf Banken, als auf Würstchenbuden. Trugen die etwa alle Krawatten um berühmt zu werden? Irgendwo hatte er wohl einen Denkfehler begangen. Oder doch nicht?

Verliebtheit machte blind. Das war altbekannt. Wie konnte man sich nur so demütigen lassen? Ein bisschen Gespür sollte man schon haben. Und jetzt wollten sich auch noch diese beiden Kleinkriminellen in diese Geschichte einklinken um daran zu verdienen. Das Unglück anderer Menschen ausnützen, war wohl immer noch am einfachsten auf der Gefühlsebene möglich. Man denke nur an die Horde von Heiratsvermittlern, Kontaktbörsen und im schlimmsten Fall an die Heiratsschwindler selbst. Der arme Enrique käme unter Umständen vom Regen in die Traufe. Vielleicht fand er aber auch so noch irgendwie sein Glück. Man konnte nie wissen! Es war nur zu hoffen, dass Toni und Paco eine gewisse Berufsehre hatten und selbst etwas Herz in die Geschichte einbrachten. Entscheidend würde sein, was sie über diesen unsympathischen Schläger erfahren würden und wie sie damit umgingen.

Der Lektor war froh, nie diesbezüglich Probleme gehabt zu haben. Das konnte er sich bei seinem Beruf auch gar nicht leisten. Der Stress wäre einfach zu groß.

Ganz lustig, aber die wesentlichen Fragen nicht sauber genug beantwortet. Sein endgültiges Urteil führte dazu, dass das Absagenfach um eine Leseprobe bereichert wurde.

„Hotelbrand"

„Schatz wach auf! So wach doch endlich auf!", Panik war in ihrer Stimme.
Karin Dobler schüttelte den neben ihr liegenden Ehemann Alexander kräftig an den Schultern, bis er schließlich erwachte und gähnend fragte, „was ist denn"?

Sie waren erst nach Mitternacht in ihr Hotelzimmer gegangen und hatten sich schlafen gelegt. Vorher verbrachten sie die Nacht, nach einem ausgiebigen Abendessen, in der gut besuchten Hotelbar. Ein Klavierspieler hatte zum Tanz aufgespielt. Es war angenehme Musik aus den Sechzigern. Für den einundsechzigjährigen Dobler so etwas wie ein Tanzabend in vergangenen Zeiten, als er noch jünger war. Auch seiner zweiundzwanzig Jahre jüngeren Frau hatten die Melodien gut gefallen. Es war deshalb ein äußerst harmonischer und romantischer Abend geworden, wie man ihn sich häufiger wünschte. Sie fühlten sich wie frisch verliebte als sie zu Bett gingen.

Q

Alexander Dobler, Bauunternehmer aus München, war mit seiner Frau für eine Woche in einem Pariser Hotel in der Nähe des Arc de Triomphe, abgestiegen. Karin hatte sich schon immer einmal gewünscht, im Juni das Tennisturnier von Roland Garros zu besuchen. Dieses Jahr ließ es der Terminkalender des Geschäftsmannes zu. Beide waren begeisterte Tennisspieler, deshalb zögerte Dobler mit der Buchung nicht lange. Zwei Tage hatten sie den Matches schon beigewohnt und waren total begeistert. Kein Wunder, denn Paris bot ja außer Tennis noch einiges mehr. Heute stand der Besuch des Louvres auf dem Programm ging es Dobler durch den Kopf. Aber so früh wollten sie doch auch wieder nicht los. Ein Blick auf seine Armbanduhr, die auf dem Nachttischchen lag, bestätigte dies.

Q

„Riechst du das nicht?", schrie seine Frau, „hier brennt es"!
Wie von der Tarantel gestochen sprang nun ihr Mann aus dem Bett.
„Stimmt", stellte er fest, während er zur Zimmertür rannte und diese
öffnete. Sofort schloss er sie wieder. Der Korridor war schwarz vor
Rauch, zudem hatte er im Hintergrund ein knisterndes Geräusch
vernommen. Durch den Spalt zwischen Tür und Boden sah er
grauschwarzen Qualm in das Zimmer eindringen. Dobler rannte ins
Badezimmer und tränkte zwei große Handtücher mit Wasser. Mit
diesen dichtete er die Türschwelle, so gut er konnte, ab. Eine
Alarmsirene ertönte.
„Wir müssen hier raus, schrie seine Frau, sonst ersticken oder
verbrennen wir"!
Das Telefon!
Ihr Mann wählte die Nummer der Rezeption. Die Leitung war tot.
An der Tür hängt ein Notfallplan ging es ihm durch den Kopf. Dieser
verdeutlichte ihm, dass sich die Nottreppe in der Richtung befand, in
der es so verdächtig geknistert hatte. Er schob die Handtücher auf die
Seite und schaute noch einmal auf den Flur hinaus. Am Ende des
Ganges, dort wo die Nottreppe sein musste, loderten bereits
Flammen empor. Er schlug die Tür zu und legte wieder feuchte
Tücher auf die undichte Stelle an der Türschwelle. Fast hätte er
gelächelt als er las, dass man im Falle eines Brandes die Aufzüge
nicht benutzen sollte. Inzwischen war soviel Rauch in ihrem
Zimmer, dass ihnen das Luftholen schwer fiel. Seine Frau hustete
schon die ganze Zeit. Dobler tränkte zwei kleinere Handtücher mit
Wasser und reichte eines davon seiner Frau.
„Halte es beim Atmen vor Mund und Nase, das reinigt die Luft die
du einatmest".
Dobler setzte sich zu seiner Frau auf das Bett, selbst einen feuchten
Lappen vor den Mund haltend.
„Wir sollten uns schnell etwas anziehen, bevor die Feuerwehr uns
rettet", sagte er aus praktischen Erwägungen und um seine Frau
etwas zu beruhigen.
Sie folgte seinem Beispiel und Rat. Kurz darauf saßen sie mit ihrer
Abendgarderobe, weil diese am schnellsten greifbar war, wie ein
etwas verknautschtes Hochzeitspaar, mit ihren befeuchteten
Handtüchern vor dem Mund, wieder auf dem Bett. Eine hysterisch

schreiende Frau war für einen Moment vom Korridor her zu hören. Aber nur kurz, wahrscheinlich hatte sie sich auch wieder sofort in ihr Zimmer zurückgeflüchtet. Bestimmt brannte der holzgetäfelte Flur inzwischen lichterloh. Auf dem Gang war jedenfalls ein verdächtiges Knistern zu hören.

Alexander Dobler hatte seine Frau an sich gedrückt und streichelte ihr beruhigend das Haar. Sie löste sich abrupt von ihm und sagte.

„Ich habe das alles nicht verdient. Dich, deine Fürsorglichkeit, deine Liebe, die Geborgenheit die du mir selbst jetzt gibst. Ich war dir immer eine schlechte Frau".

Ihr Mann glaubte, dass ihre Nerven ihr einen Streich spielten.

„Wie kommst du denn auf so etwas mein Schatz, wir haben uns doch immer geliebt".

„Das stimmt", gab sie zu, „aber darüber hinaus hatte ich die ganzen drei Jahre, die wir verheiratet sind, Sex mit anderen Männern".

Dobler schaute sie ungläubig an. Fantasierte seine Frau etwa?

„Wird schon nicht so schlimm gewesen sein", wiegelte er deshalb der Situation entsprechend ab. Obwohl er selbst hinter dem nassen Handtuch erkennbar, einen nachdenklichen Gesichtsausdruck angenommen hatte.

Auf der Straße vor dem Hotel waren nun mehr und mehr Sirenen zu hören.

„Beruhige dich", Dobler drückte seine Frau wieder fest an sich, „hörst du, die Retter stehen schon vor der Tür".

„Vielleicht überleben wir das hier nicht. Du warst zu gut zu mir, deshalb möchte ich so etwas wie eine Beichte ablegen. Ich bin anscheinend eine richtige Nymphomanin. Soviel vorab. Anders lässt sich das alles was ich dir nun erzähle nicht erklären. Noch am Hochzeitstag, ließ ich mich mit deinem Schwager, du weißt den Fleischer, in unserem Hause ein. Ich weiß nicht warum. Wahrscheinlich war ich betrunken. Ein einmaliger Ausrutscher dachte ich mir damals".

Dobler hatte sich spontan erhoben, wurde aber von seiner Frau sofort wieder auf das Bett zurückgezogen.

„Aber ich hatte mich getäuscht, alles wurde noch viel schlimmer und das obwohl du mich immer durchaus gut befriedigt hast. Zwei Wochen nach der Hochzeit war es der Tennistrainer aus unserem Klub. Während ich es regelmäßig an unterschiedlichen Orten mit ihm trieb, hatte ich zusätzlich ein Verhältnis mit unserem Gärtner".

Ihr Mann war nicht mehr zu halten. Er warf das feuchte Handtuch auf den Boden und schrie, „das kann doch nicht wahr sein. Hast du etwa wegen des Brandes den Verstand verloren und bildest dir das alles nur ein"?

Im Hotelzimmer war es inzwischen nicht nur warm sondern richtig heiß geworden. Der Schweiß rann ihnen über den ganzen Körper. Ihr Zimmer befand sich im zwölften Stock, deshalb war an Flucht durch das Fenster schon gar nicht zu denken.

„Schließlich habe ich auch noch seit einem halben Jahr ein Verhältnis mit deinem Geschäftspartner".

Dobler zweifelte in diesem Moment, ob er noch Herr seiner Sinne wäre, bei dem was er vernahm. Er versuchte sich wieder auf die aktuelle Situation zu konzentrieren. Das Zimmer hatte einen dieser schmalen französischen Balkons. Wenn sie gerettet würden, dann zweifellos über diesen.

Die Zimmertür hatte Feuer gefangen. Wenn er jetzt die Balkontüren öffnete, würde die Sauerstoffzufuhr sofort den ganzen Raum in Brand setzen. Auf und sofort zu, ging es ihm durch den Kopf.

„Die einzige Chance, die wir noch haben ist die, dass wir auf den Balkon rausgehen und von außen sofort wieder die Türen schließen". Während er dies sagte, hatte er das eben gehörte bereits wieder vergessen.

„Ich bleibe im Zimmer, ich habe dich nicht verdient, lass mich bitte sterben"!

Der verzweifelte Ehemann überlegte nicht lange, er schulterte seine Frau und schleppte sie quer durchs Zimmer zur Balkontür. Frau Dobler wehrte sich nicht. Die Flammen hatten bereits die Zimmertür zerfressen und suchten sich nun ihren Weg in das Innere des Raumes. Dobler hatte die Balkontüren aufgerissen und schob seine Frau auf den engen Balkon hinaus zwischen Fenster und Geländer. Anschließend zwängte er sich auch nach draußen und schloss sofort die Glastüren, so gut es von außen ging. Im Zimmer tobte inzwischen ein Höllenfeuer. Es war nur noch eine Frage von einigen Sekunden, bis sie in ihren Tod springen mussten, weil sie die Hitze nicht mehr aushielten. Ein Blick nach unten sagte ihm, dass Rettung nahte. Die Schaulustigen auf der Straße zeigten schreiend und gestikulierend zu ihnen herauf, während die Feuerwehr eine riesige Leiter mit einem Korb nach oben manövrierte. Die Hälfte der Strecke hatten sie schon geschafft. Die inneren Fensterscheiben der Balkontür fingen zu splittern an.

„Weißt du, was das Schlimmste ist?", hörte er im Unterbewusstsein seine Frau, „ich habe auch ein dauerndes Verhältnis mit Philipp, deinem Sohn".

„Halten sie aus", der Korb der Rettungsleiter war keine fünf Meter mehr vom Balkon entfernt, „wir sind gleich bei ihnen", rief ihnen ein Feuerwehrmann zu.
Als ob dies das Stichwort für Alexander Dobler gewesen wäre. Er kippte nach vorne über das Geländer und stürzte ohne einen Laut von sich zu geben, die zwölf Stockwerke hinab.

Kurz darauf wurde seine Frau geborgen.
„Was war mit dem Mann", fragte als erstes ihr Retter,
„wahrscheinlich seine Nerven", erhielt er zur Antwort.

Q

Obwohl Sternheim schon viel unterschiedliche Literatur aufgrund seines Berufes konsumiert hatte, machte ihn diese Geschichte doch mehr betroffen als manch andere. Wie sollte Frau Dobler, nachdem sie sich so schonungslos geöffnet hatte und zweifellos ihr Verhalten bereute, ein Bauunternehmen weiterführen? Einem Stiefsohn, der seinen eigenen Vater mit ihr betrogen hatte, fehlte zweifellos jegliche sittliche Reife dazu. Von den fachlichen Voraussetzungen ganz zu schweigen. Ihr würde wahrscheinlich nichts anderes übrigbleiben, als sich mit dem Geschäftspartner ihres Mannes, zusammenzutun. Aber wäre dies ihrem Mann auch recht gewesen? Wahrscheinlich würde er sich alles wünschen nur das nicht. In Konsequenz bliebe ihr nichts anderes übrig als die Firma zu verkaufen. Sie wäre dann befreit von allen moralischen Schuldgefühlen, oder besser, sie würde nicht mehr so oft an diese erinnert. Sie könnte außer Landes gehen um ein neues Leben zu beginnen. In der Karibik sollte es Männer geben, die ihren Vorstellungen entsprächen. Gegen seine eigene Natur durfte man einfach nicht ankämpfen. Das machte auf die Dauer nur unglücklich, wenn nicht sogar depressiv.

Für den Lektor blieb nur noch die Frage offen, warum sich ihr Mann zu Tode stürzte. Diese zwei Minuten bis zu seiner Rettung hätte er sicher auch noch ausgehalten. In seinem weiteren Leben wäre es bestimmt mit dem richtigen Timing möglich gewesen, seine Frau weiter zu lieben und sich aufgrund seines Wissens an deren Liebhabern nach und nach zu rächen. Die erste logische Handlung musste die Enterbung seines Sohnes sein. Diese Möglichkeiten waren ihm nun leider, aufgrund seiner Überreaktion auf diesem französischen Balkon, abhanden gekommen. Ein nicht mehr zu korrigierender Fehler, wie Sternheim meinte. Die mit dem Feuer spielte, überlebte. Das Leben konnte ungerecht sein.

Der Lektor beschloss mit einem Drink zum Feierabend die restliche Glut des Brandes in sich zu löschen. Nachdem seine rechte Hand die letzte dienstliche Handlung beendet hatte, griff sie deshalb routiniert zur mittleren Schublade auf der rechten Seite seines Schreibtisches.

Q

Sein Kopfnicken zur Kellnerin bedeutete auch an diesem Tage, nicht auf das Mittwoch-Standardgericht zu verzichten. Die Rindsroulade, gefüllt mit Speck und Zwiebeln, dazu Kartoffelpüree mit einer köstlichen Soße, wurde wenige Minuten später serviert. Dieser konnte und wollte er nicht widerstehen. Warum auch? Zu gebratenem Rindfleisch trank er Rotwein. Bier hätte einfach nicht seinen Gewohnheiten und vor allem seiner Erziehung entsprochen. Es gab im Leben Regeln, die einzuhalten waren. Hielt man sich daran, dann ging meistens vieles leichter. Sternheim hörte zu kauen auf und ließ sich den gedachten Satz noch einmal sinnbildlich, förmlich auf der Zunge zergehen. Das auf der Zunge war natürlich ein Stück Roulade. Dies irritierte ihn zwar beim Denken leicht, sorgte aber in Konsequenz für ein Ergebnis, in welchem sich Geist und Körper gemeinsam wiederfanden. Kam es nicht darauf an wer Regeln aufstellte? Regeln oder auch verbindliche Vorgaben mussten nicht immer geltendem Recht entsprechen. Lebte der Taschendieb oder die Ehebrecherin nicht auch in solchen, ohne deren Einhaltung oder Beachtung sie auf verlorenem Posten stünden. Gut, die Ehebrecherin wurde sicher emotional hauptsächlich von ihren

Trieben gesteuert. Trotzdem musste sie darauf achten, nicht entdeckt zu werden. Deshalb galten auch für sie gewisse Spielregeln.

Die Kellnerin hatte unaufgefordert die Rechnung gebracht. Sternheim legte den gewünschten Betrag auf den Tisch.

Heute hatten sich seine meist guten Geister, beim Essen nicht wie sonst verzogen, sondern ihn mit diesen Regeln beschäftigt. Deshalb verließ er fast fluchtartig das Restaurant.
Die frische Luft, auf dem Weg zu seiner Bar, tat ihm ausgesprochen gut.

Q

Als er Ernies Bar betrat stellte er fest, dass sein Platz wieder frei war und der Wirt überaufmerksam bereits ein Glas Rotwein auf den Tresen vor seinem Stammplatz stellte. Sternheim entspannte sich langsam, nachdem er sich niedergesetzt hatte, ob der heimeligen Umgebung.
Der Wirt hinter der Theke beugte sich nach einigem Zögern zu ihm herüber.
„Ihr Nachbar, der mit dem blauen Auge, hat heute schon nach ihnen gefragt. Außerdem wäre er immer noch interessiert an einem Hund". Sternheim brauchte einen Moment, bis die Worte des Kneipiers bei ihm angekommen waren. Am intensivsten nahm er das Wort Hund wahr. Er musterte den Wirt mit seinem blassen Gesicht äußerst scharf. Vorsichtshalber ging der Mann hinter der Theke etwas auf Distanz. Man konnte nie wissen.
„Hunde! Diese geschundenen Kreaturen! Kommen sie mir bloß nicht damit! Wenn sie wüssten, was mir dazu gerade heute aus Rom mitgeteilt wurde"!
Mit einem Zug leerte er nach diesem für ihn schon längeren Vortrag sein Glas, welches sofort wieder gefüllt wurde. Aber er war noch längst nicht fertig, „dann erst die Besitzer! Tierquäler, die reinsten Sadisten und Schlimmeres".
Er leerte sein Glas wieder auf ex. Sein Gegenüber schenkte aufgrund dieses noch nie erlebten Redeschwalls seines Gastes sofort nach.

„Der geht aufs Haus. Wie konnte ich auch nur", versuchte er sich aus der Schusslinie zu nehmen.

Seine Bedenken waren allerdings unbegründet, denn Sternheim saß wieder in sich gekehrt vor seinem Weinglas und würdigte ihn keines Blickes mehr. Seine ureigensten Gedanken waren ihm wichtiger als große Reden zu schwingen. Dieser Mensch hatte sicher eine Ahnung von jeglicher Art von Getränken, aber von den wahren Abgründen des Lebens? Zweifelnd schaute er dem Wirt hinterher, als dieser mit seinem dicken Hintern, über den die Schleife seiner Schürze baumelte, zur anderen Seite der Theke ging.

Q

Er, Sternheim musste sich tagtäglich mit Hotelzimmerbränden und anderen Katastrophen auseinandersetzen. Es war selbstverständlich, dass er in anderen Kategorien zu denken gewöhnt war, als ein normaler Mensch oder gar ein Gastwirt. Der Brand alleine, eine schlimme Sache. Dann aber noch dieses Geständnis. Wollte Frau Dobler etwa damit seinen Suizid provozieren, um im Falle einer eventuellen Rettung als glorreiche Siegerin und Erbin das Feld zu verlassen? Oder war ihr Mann auch kein Heiliger? Vielleicht so einer, wie diese Burschen in Rom? War ihr aus diesem Grunde in dieser Situation alles egal? Wollte sie sich durch ihre Offenheit von all dem Schmutz befreien, beziehungsweise ihren Gatten, diesen Wüstling, beschämen?

Frauen waren zweifellos ein Kapitel für sich. Das hatte heute auch schon der kanarische Gastronom erfahren dürfen. Wenn dann auch noch Männer zu Frauen mutierten, nicht auszudenken. Tozzi konnte einem mehr als Leid tun, obwohl ihn keine geringe Mitschuld an seinem Schicksal traf.

Sternheim legte sein Portemonnaie auf den Tresen. Die Rechnung wurde gebracht und von ihm beglichen. Er verließ wie jeden Mittwoch die Bar etwas früher als gewöhnlich, da er am nächsten Tag bereits um zehn Uhr zur wöchentlichen Lektorenkonferenz im Büro sein musste.

An der Ausgangstür wäre er fast mit einem Herrn zusammengestoßen, der gerade das Lokal betreten wollte. Um sein rechtes Auge schimmerte es blau, rot und etwas gelb. Es wirkte wie geschminkt.

„Gut dass ich sie treffe. Hat sich denn der Hund wieder eingefunden"?

Für einen Augenblick verharrte Sternheim auf der Stelle, um das Gehörte zu verarbeiten. Dann schüttelte er den Kopf. Nicht als Antwort auf die gestellte Frage, sondern aufgrund der Tatsache, dass dieser Mensch anscheinend krankhaft auf Hunde fixiert war. Hatte er ihn neulich Nacht deshalb nicht sogar bis in seine Wohnung verfolgt und einen Tag später, als er sich in Begleitung zweier Herren befand, auf offener Straße belästigt? Bemitleidenswert. Der Lektor ging grußlos seines Weges.

Warum nur immer wieder Hunde?
Krankhafte Triebe und der Umgang mit diesen.
Wie Hitze menschliches Verhalten beeinflussen kann.
Nie mehr Rom!

Seine vor dem Schlafengehen gemachten Notizen, gaben ihm wieder das Gefühl, den vergangenen Tag sinnvoll beendet zu haben. Mit einer fast traumfreien Nacht wurde er dafür belohnt.

Donnerstag

Der einzige Tag der Woche, an dem ihn sein schrill läutender
Wecker aus dem Schlaf holen durfte, war der Donnerstag. Sein
Erschrecken und seine Verärgerung wiederholten sich dennoch von
Woche zu Woche. Es war grausamste Ruhestörung, immerhin war es
erst 08.30 Uhr. Für seine Begriffe mitten in der Nacht.
Seine Morgenroutine bewältigte er mühsam, aber in gewohnter
Manier.
Sternheim hatte es sich angewöhnt am Tag der wöchentlichen
Lektorenkonferenz bereits gegen 09.15 Uhr sein Büro aufzusuchen.
Die verbleibende Dreiviertelstunde bis zu dieser, nutzte er um sich
aus dem Gedächtnis einige Stichpunkte aufzuschreiben. Sein Onkel
legte größten Wert darauf, dass er sich aktiv an der Gesprächsrunde
beteiligte. Dafür, dass er dies häufig nicht getan hatte, war er bei
früheren Gelegenheiten des Öfteren gerüffelt worden. Schließlich
ließ er sich eines Besseren belehren.

Q

„Guten Morgen, meine Dame und Herren".
Der Verleger Sternheim schaute erwartungsvoll in die Runde. Mit
der Dame links neben sich, hatte er die Lektoratssekretärin Ernst
begrüßt. Bei den Mitarbeitern neben ihr, handelte es sich um seinen
Neffen und die Herren Marx, Korn, Liebetrau und Sattler. Dieser
Reihenfolge entsprach auch die Sitzordnung. Die Anwesenden waren
durchwegs erfahrene Lektoren, die ihr Handwerk verstanden. Sie
stellten zweifellos das Rückgrat des Verlages dar.
Wie jeden Donnerstag folgte die Konferenz dem gleichen Procedere.
Dem rechts neben dem Chef sitzendem Lektor wurde zuerst das
Wort erteilt.
„Schießen sie los Herr Sattler".
Sattler war leicht nervös. Er war im Zugzwang, da er seit geraumer
Zeit kein Manuskript mehr vorgelegt hatte, welches schließlich die
Gnade der erlesenen Runde gefunden hätte. Deshalb begann er fast
schüchtern.

„In der zurückliegenden Woche habe ich 34 Manuskripte beziehungsweise Leseproben gesichtet. Nach eingehender Prüfung befinde ich diese vor mir liegende Leseprobe einer Beurteilung durch die Konferenz für würdig. Ich habe das Exposé für sie kopiert und ihnen meinen Kommentar dazu gelegt. Der Titel „Heuschrecken im Winter", ein wie ich meine hochaktueller Wirtschaftskrimi, was das Thema betrifft. Inhaltlich habe ich allerdings aufgrund des mir zur Verfügung stehenden Materials meine Zweifel, ob der Autor der angerissenen Materie, in Konsequenz gewachsen ist. Bitte werfen sie also einen Blick auf das vor ihnen liegende Handout".

Es folgte wie immer ein fünfminütiges Papierrascheln, begleitet vom klirren des Kaffeegeschirrs.

„Totaler Blödsinn, schon der Titel, „Heuschrecken im Winter", hört sich an wie „Weihnachtsmänner am Swimmingpool", das wird dem Ernst der Sache nicht gerecht. Auch wenn es nur ironisch gemeint ist", Marx schüttelte den Kopf und warf die Vorlage demonstrativ vor sich auf den Tisch.

Sattler zuckte leicht zusammen. Er wusste, dass sein Vorschlag nicht viel wert war. Doch er wollte nicht mit leeren Händen erscheinen.

„Gibt es jemand am Tisch, der dieses Projekt für verfolgenswert hält?", Sternheim kam wie immer gleich zur Sache. Auf seine Frage gab es keinerlei Resonanz.

„Dann Herr Liebetrau bitte".

„Tut mir leid, aber ich komme mit leeren Händen. Die vergangene Woche verlief für mich sehr frustrierend. Keine einzige Leseprobe konnte nach meiner Meinung den Ansprüchen unseres Hauses genügen".

Sternheim nickte verständnisvoll.

„Solche Wochen soll es geben. Bitte, Herr Korn".

Korn hieß nicht nur Korn, sondern wurde von seinen Kollegen auch Korn genannt. Seine spitze, immer rot angelaufene Nase, schien wohl mit ein Grund dafür zu sein.

„Ein vierzehnjähriger Junge rettet im Winter fünfjährige Zwillinge, die auf einem Dorfweiher eingebrochen waren. Dabei kommt er selbst fast ums Leben. Im Krankenhaus erwacht er nach mehreren Tagen aus dem Koma. Ihm erscheint dabei ein mystischer Mann, der ihm für sein weiteres Leben als Anerkennung für seine Tat, Kräfte verleiht, die ihn in die Lage versetzen anderen, guten Menschen zu helfen. Ein modernes, zeitgemäßes Märchen für die ganze Familie.

Ich möchte sie bitten, das Manuskript zu prüfen. Bei der nächsten Lektorenkonferenz bin ich dann dankbar für ihre Meinung".

„Hört sich gut an Herr Korn. Die Menschen unserer Zeit mögen ja anscheinend Fantasy. Alsdann meine Herrn, ihre Meinung dazu bitte am nächsten Donnerstag. Frau Ernst machen sie eine entsprechende Notiz. Nun zu ihnen Herr Marx".

„Dilettanten, in letzter Zeit nur noch Autoren dieser Spezies. Ich weiß, ich drücke mich nicht so vornehm wie Kollege Liebetrau aus. Aber ehrlich gesagt, die Einreicher dieses Geschreibsels hätten das auch nicht verdient. Von weiteren Erläuterungen möchte ich sie verschonen meine Herren".

„Gut, gut, Herr Marx, ich kenne sehr wohl dieses Gefühl das sie in sich tragen. Aber es kommen sicher auch wieder andere Leseproben auf ihren Tisch. Nur nicht den Mut verlieren. Nun zu dir mein lieber Neffe, was hast du heute zu bieten"?

Es dauerte einige Momente, bis Eckehard Sternheim seinen Blick dem Onkel zuwandte. Was von den übrigen Lektoren wie auch dem Fräulein Ernst, gebannt beobachtet wurde. Man wusste beim Neffen des Chefs nie, was passieren würde.

„Eine interessante Woche zweifellos. Doch unter dem Strich blieb kein verwertbares Manuskript, sondern lediglich eine Idee".

Der junge Sternheim erweckte den Eindruck, als ob er den Faden verloren hätte.

„Dann raus damit", munterte ihn sein Onkel auf.

„In vielen der Leseproben ging es um Hunde. Hunde in verschiedensten Situationen. Und nicht nur dort. Auch in meinem Privatleben wurde ich dauernd auf Hunde angesprochen. Es war schon fast eine Hundeplage, die mich manchmal bis in die Nacht verfolgte".

Der Lektor atmete tief durch, als ob ihm das Gesagte viel Kraft gekostet hatte. Die anderen Lektoren waren gespannt was nun wohl kommen würde. Seinem Onkel ging es ähnlich.

„Und?", fragte dieser deshalb drängend.

„Wer schreibt den besten Roman der von einem Hund handelt? Unser Verlag sollte einen derartigen Wettbewerb ausschreiben. Das beste Buch wird veröffentlicht".

„Kannst du die Idee noch etwas besser begründen?", sein Onkel schien leicht verunsichert.

„Ganz einfach. Wenn jeder dritte Autor meint er müsse etwas über Hunde schreiben und sich darüber hinaus jede Menge Leute für

Hunde interessieren, dann ist das doch mehr als ein Fingerzeig. Da besteht sicher eine große Nachfrage".

„Respekt, so habe ich das noch nie betrachtet, was meinen sie meine Herren"?

Allgemeines Kopfnicken.

„Frau Ernst, fertigen sie eine entsprechende Notiz und veranlassen sie das Nötige. Vielen Dank, bis zum nächsten Donnerstag".

Die Lektorenkonferenz war damit beendet.

Q

Eckehard Sternheim war froh wieder in seiner Welt, in seinem Büro zu sein.

Deshalb gönnte er sich einen Schluck seines Getränkes aus der mittleren Schublade. Danach

griff er sich frohen Mutes die nächste Leseprobe.

„Goldrausch"

„Warte mal"!

Paul Cox blieb stehen. Hatte ihn da nicht gerade jemand angesprochen? Er drehte sich um.

Weit und breit keine Menschenseele. Deshalb ging er auch so gerne unter der Woche vormittags in den Tierpark. Dort gab es noch Ecken, wo man seine Ruhe hatte, wie am Rande eines Freigeheges, das an die Mauer des Zoos grenzte. Hierher verirrten sich selten Schulklassen oder andere Besucher. Außerdem gab es halb versteckt hinter einem Baum eine Bank, auf der man Schatten fand und ein Buch lesen konnte. Für ihn als Arbeitslosen, ein willkommener Zufluchtsort. Bekannte und Verwandte mit ihren ständigen Fragen, was er denn täte und wie es ihm ginge, waren ihm längst ein Gräuel. Vor allem die lieben Mitbürger, die ihm misstrauisch hinterher blickten, als ob er ein Verbrecher oder Asozialer wäre. Dabei war er ein hochqualifizierter Werkzeugmacher, dessen Firma vor einem halben Jahr in Konkurs gegangen war. Seine Arbeitssuche war bisher erfolglos geblieben. Hauptgrund wahrscheinlich sein Alter. Mit 52 Jahren zählte man auf dem Arbeitsmarkt schon zum alten Eisen. Es war zum Verzweifeln. Irgendwann hatte er sich dann eine Jahreskarte für den Münchner Tierpark gekauft und dort in „seinem Winkel" halbwegs wieder sein Gleichgewicht gefunden.

Cox setzte seinen Schritt fort. Es war 17.45 Uhr. Der zoologische Garten schloss um 18.00 Uhr. Er musste sich sputen.

„Nur einen Augenblick bitte"!

Nochmals drehte sich Cox um 360 Grad, konnte aber außer einem Riesenkänguru, das am Zaun des Geheges stand und anscheinend zu ihm herüber sah, niemand erblicken. Nichts wie weg!

Wahrscheinlich die Einsamkeit, dass ich schon Stimmen höre. So weit ist es mit mir nun schon gekommen, schoss es ihm durch den Kopf.

Q

Am nächsten Tag gegen 13.00 Uhr, hatte es sich der Arbeitslose wieder auf seiner geliebten Bank im Tierpark gemütlich gemacht. Die Sonne schien kräftig, doch sein Baum spendete den nötigen Schatten. Die Tiere im Gehege ihm gegenüber hatten auch schattige Plätze aufgesucht und bewegten sich bei dieser Hitze kaum. Man konnte ein paar Zebras, Straußen, Pfauen und vor allem Kängurus erkennen.

Ein großer Schluck aus einer Bierflasche tat Cox gut. Er rekelte sich, dann schlug er ein Buch auf, in das er sich vertiefte.

„Du willst wohl nicht mit mir sprechen"?

Sein Buch wäre ihm fast aus den Händen gefallen. Wieder diese Stimme. Wieder niemand in der Nähe. Er fasste sich an die Stirn. Hatte er Fieber?

„Ja, dich meine ich"!

Cox hielt sich die Ohren zu. Sollte er einfach davonlaufen?

Vorsichtig schaute er sich nach allen Seiten um. Niemand. Außer!

Da stand wieder dieses Känguru am Zaun, in der Prallen Hitze und schaute zu ihm herüber. Wenn er jetzt noch glaubte, dass Kängurus sprechen konnten – nicht auszudenken!

„Hast du mich endlich entdeckt"?

Das kam zweifellos aus der Richtung des Tieres. Aha, war das hier so etwas wie „Versteckte Kamera"? Mit seiner Ruhe war es jedenfalls vorbei. Cox schaute hinter den Baum und überprüfte gewissenhaft seine Umgebung. Dabei kam er auch in die Nähe des Kängurus.

„Ich bin es wirklich, was mit dir spricht"!

„Sag das noch mal", Cox trat direkt vor das Tier.

„Glaub mir doch endlich"!

Es war tatsächlich das Känguru das mit ihm sprach.

„Ich heiße übrigens Willi".

„Und ich bin Paul", antwortete Cox verdattert, „was willst du eigentlich von mir"?

„Dass du mich hier aus meinem Käfig herausholst".

„Vergiss es, ich bin doch kein Krimineller"!

„Findest du es normal, dass man Tiere einfach einsperrt"?

„Schon gut, aber rausholen kann ich dich trotzdem nicht".

„Und wenn du dafür steinreich würdest"?

„Klar ich an deiner Stelle würde auch alles versprechen. Noch mal, vergiss es"!

„Hättest du was gegen 100 Millionen in Gold"?

„Irgendwas stimmt doch hier nicht. Lass mich jetzt endlich in Ruhe, sonst rufe ich einen Wärter".

„Gut, wir haben beide genügend Zeit. Du kannst es dir überlegen. Du findest mich ja immer hier".

Das Känguru entfernte sich von ihm mit großen Sprüngen.

Paul Cox zog sich bedächtig auf seine Bank und zu seiner Bierflasche zurück. So als wollte er das gerade Erlebte nicht stören. Das kühle Getränk tat ihm gut. War das gerade wirklich passiert, oder sollte er vorsichtshalber doch mal zum Arzt gehen. Allerdings wenn er mit dieser Geschichte anrückte, konnte es passieren, dass man ihn erstmal stationär einwies. Darauf hatte er absolut keine Lust. Zweifelnd sah er zum Gehege hinüber. Vom Riesenkänguru war nichts mehr zu sehen. Er fand keine Ruhe mehr. Deshalb packte er seine sieben Sachen und verließ den Tierpark.

Am Kartenhäuschen war gerade kein Betrieb, dcshalb wagte er der Dame die Dienst hatte, die Frage zu stellen, welche ihn bewegte.

„Sie kennen sich doch in Hellabrunn gut aus"?

Die Frau nickte selbstbewusst.

„Gibt es hier sprechende Kängurus"?

„Guter Mann, verarschen kann ich mich selbst!", kam die nicht ganz sachliche, aber inhaltlich umso deutlichere Antwort.

Q

Nachdem Cox zu Hause angekommen war, er bewohnte alleine ein kleines Haus in der Nähe des Tierparks, setzte er sich im Wohnzimmer auf die Couch. Seine Lebenssituation ging ihm durch den Kopf. Das Arbeitslosengeld reichte nicht zum Leben. Zum Glück verfügte er über etwas Erspartes. Schon oft hatte er einen Stift zur Hand genommen und ausgerechnet, wann auch dieses verbraucht wäre. Er war immer wieder zu dem Ergebnis gekommen, dass dieser Zeitpunkt nicht mehr fern war. Lediglich durch striktes Sparen versuchte er etwas Zeit zu gewinnen, um nicht so bald notgedrungen auf das Haus in dem er wohnte, zurückgreifen zu müssen. Er hatte dies erst vor zwei Jahren von einer Tante geerbt.
100 Millionen in Gold. Egal ob Euro oder Dollar, es war eine unheimliche Menge Geld. Gab es nicht auch noch in der heutigen Zeit Märchen, die wahr wurden? Cox musste lächeln. Ein Känguru, das ihm zu soviel Geld verhelfen wollte, gab es das? Allerdings hätte er vor vierundzwanzig Stunden auch nicht geglaubt, dass er eines kennenlernen würde, welches sich in seiner Sprache mit ihm unterhielt. Schließlich wanderte er ruhelos in seinem Wohnzimmer hin und her, bis er den Entschluss fasste, auf jeden Fall noch einmal mit Willi zu sprechen.

Q

Am nächsten Tag bezog er nachmittags wieder Posten auf der Bank unter seinem Baum. Es dauerte nicht lange und Willi kam daher gehüpft.
„Wusste ich es doch, dass du wieder auftauchen würdest. Du scheinst Geld genau so nötig zu haben wie ich meine Freiheit".
Cox ging hinüber zum Zaun.
„Hallo Willi".
„Hallo Paul".

„Jetzt erkläre mir bitte wie das gestern gemeint war"?

„Ganz einfach, du holst mich hier raus und bringst mich zurück nach Australien, wo ich herkomme, dort zeige ich dir dann eine Goldader, die sicher noch viel mehr wert ist, als das was ich dir schon erzählt habe".

„Die einfachste Sache der Welt, dich nach Australien zu bringen. Ein entflohenes, noch dazu gesuchtes Känguru! Das ist nicht zu machen".

„Alles ist möglich! Allerdings für nichts gibt es auch nichts"!

Cox schüttelte bedauernd den Kopf.

„Schade, überlege es dir noch mal, aber schnell, ich habe meine Gründe, warum ich bald hier raus will. Entscheide dich bis heute Abend. Danach suche ich mir einen anderen Helfer. Habe da schon einen Tierwärter im Auge mit dem ich ganz gut klar komme. Ich lege mich da hinten unter diesen Busch, wenn du mir was zu sagen hast, winke einfach".

Der Nachmittag verstrich. Zum Lesen war es Cox heute nicht mehr zumute. Konnte man eine solch einmalige Chance einfach sausen lassen? Er leerte die zweite Bierflasche. Willi hier rausholen, das müsste zu machen sein. Aber ihn dann nach Australien bringen? Gut, einen gewissen Einsatz musste man wohl leisten, wenn man an ein solches Vermögen gelangen wollte. Es war mittlerweile 17.15 Uhr. Seine Chance schien wie die Zeit zu verrinnen. Derweil lag Willi bequem unter seinem Strauch und äugte zu ihm herüber. Cox sagte sich, als er einem plötzlichen Entschluss folgend aufstand und Willi zuwinkte, dass er wahrscheinlich den Verstand verloren hatte. Andererseits, was konnte er schon verlieren?

Mit ein paar flotten, langen Sprüngen war Willi bei ihm.

„Wirst es nicht bereuen Paul!", rief er ihm zu, Cox Entschluss vorwegnehmend.

„Ab 22.00 Uhr kommen alle zwei Stunden Parkwächter hier vorbei. Wenn du also zur ungeraden Stunde kommst hast du jede Menge Zeit. Ich warte dann heute Nacht auf dich".

„Was, heute schon"?

„Ich sagte doch, dass ich es eilig habe".

„Aber so eilig?", der Tierparkfreund merkte, dass er aus dieser Nummer nicht mehr heraus kam. Deshalb ergab er sich in sein Schicksal.

„Also gut, halte dich bereit".

Als er den Tierpark verließ stellte Cox fest, dass es kein Problem sein würde die Eingangs- beziehungsweise Ausgangstür ziemlich geräuschlos aufzubrechen. Der Maschendrahtzaun des Tiergeheges war sowieso kein Hindernis.

Q

Punkt 22.30 Uhr verließ Cox sein Haus und betrat seine Garage. Über dem Arm trug er einen leichten Sommermantel und einen Schlapphut mit breiter Krempe. Beides legte er in sein Auto, einem alten, roten Golf. Die Fahrt zum Tierpark war kurz. Vom Parkplatz bis zum Eingang keine 200 Meter. Der Weg dorthin nur schwach beleuchtet. Im Moment kein Mensch weit und breit. Cox zog den Mantel an und setzte sich den Hut auf. Aus dem Kofferraum holte er einen großen Bolzenschneider. So ausgerüstet überwand er unbemerkt den Weg bis zum Eingang. Mit dem ersten Schnitt gab die Kette die das Tor sicherte ihren Geist auf. Niemand in der Nähe. Er befand sich im Tierpark. Hier und da eine Tierstimme, sonst herrschte absolute Stille. Kurz darauf hatte er das Gehege erreicht. Willi wartete schon auf ihn. Ohne zu reden machte sich der Befreier an die Arbeit. Nach fünf Minuten war ein Loch geschnitten, durch das Willi bequem hindurch kam. Cox hängte dem Känguru den Mantel über und setzte ihm den Hut auf.
„Zur Sicherheit", meinte er, „und nun nichts wie weg"!
Willi ließ sich nicht zweimal bitten. Nachdem sie den Tierpark verlassen hatten und auf den Golf zugingen, legte Cox einen Arm um Willis Schulter, als ob dieser ein Kumpel von ihm wäre. In der Nähe hatte er nämlich einige Spaziergänger entdeckt. Endlich saßen sie im Wagen.
„Du machst dich auf der Rückbank so klein als möglich und lässt den Hut brav auf".
„Ist doch klar", antwortete Willi routiniert, als ob er solche Touren täglich machte. Die Fahrt nach Hause war kein Problem. Durch die Garage betraten sie direkt das Haus.
Im Wohnzimmer setzte sich Willi sofort in den Fernsehsessel und streckte die langen Beine aus.

„Hast du gut gemacht Paul, jetzt fehlt nur noch eine Flasche Bier, dann siehst du ein glückliches Känguru vor dir".

Der so angesprochene kam kurz darauf mit zwei Bier zurück und gab eins davon Willi.

„Sag mal, sprechen, Bier trinken, was kannst du denn noch alles. Vor allem wer hat dir das beigebracht"?

„Nachdem du mich rausgeholt hast, will ich dir auch was von mir erzählen. Das ist nur recht und billig. Als junges Känguru hat mich ein Schausteller, der von Jahrmarkt zu Jahrmarkt zog, gefangen und als Boxer ausgebildet. Dabei brachte er mir auch seine Sprache bei. Nicht nur das. Auch Bier und Whisky trinken, Karten spielen und rauchen. Eigentlich war das keine schlechte Zeit. Irgendwann wurden aber auf den Rummelplätzen die Boxkämpfe zwischen Mensch und Tier verboten. Ich war quasi arbeitslos. Ach übrigens gibst du mir noch ein Bier? Schmeckt gut nach so langer Zeit. Vielleicht hast du ja auch Whisky und was zu rauchen"?

„Whisky kannst du haben, Zigaretten besorge ich dir morgen", Cox war von Willis Vergangenheit zweifellos angetan und holte das Gewünschte.

„Nun, als dann mein Chef pleite war, verkaufte er mich an einen Tiergarten in Melbourne. Die haben mich dann später hierher nach Hellabrunn verhökert. Kannst du nebenbei nicht den Fernseher laufen lassen? Hatte schon länger nicht mehr das Vergnügen".

Cox füllte ein Wasserglas mit Whisky und schaltete den Fernseher an.

„Gut und wie soll es jetzt weitergehen"? Misstrauisch registrierte der ehemalige Werkzeugmacher, wie das Känguru Bier und Schnaps nur so in sich hinein schüttete.

„Du meinst, wie du zu deinem Gold kommst. Ganz einfach du bringst mich wie gesagt nach Australien und ich zeige dir dort wo du es findest".

„Kann ich dir denn auch trauen"?

„Hör mal, ich bin als Kind zwanzig Meilen entfernt von Ballarat, der berühmten Goldgräberstadt, aufgewachsen. Direkt neben einer riesigen Goldader. Goldklumpen so groß wie Tennisbälle lagen da rum. Meine Geschwister und ich haben damit gespielt. Meine Eltern haben das Gold das sie fanden immer sofort an einer bestimmten Stelle versteckt. Sie hatten Angst, falls dies die Menschen entdeckten, ihren Lebensraum zu verlieren. Dieses Familiengeheimnis wurde strengstens gehütet. Hast du vielleicht noch ein Bier zum verdünnen, der Whisky haut nämlich mächtig rein. Bin einfach nichts mehr gewöhnt".

Cox holte aus der Küche Nachschub. Inzwischen spürte auch er, nach dem dritten Bier, die Wirkung des Alkohols.

„Goldklumpen so groß wie Tennisbälle", murmelte er vor sich hin.

„Du solltest allmählich ins Bett gehen. Hast einen harten Tag hinter dir. Morgen musst du außerdem einiges organisieren. Unsere Überfahrt und so. Würde sagen, du stellst mir noch einige Flaschen Bier auf Vorrat her. Ich werde noch ein bisschen in die Glotze schauen und mich dann auf die Couch legen. Brauchst dir um mich keine Sorgen machen. Bin stubenrein und außerdem wie ein Mensch aufgewachsen".

„Gute Nacht", sein Befreier folgte seinem Rat.

Q

Als Paul Cox am nächsten Morgen erwachte, rieb er sich die Augen und überlegte. Konnte es sein, dass in seinem Wohnzimmer auf der Couch ein Känguru lag? Bei dem Gedanken standen ihm jäh die Haare zu Berge. Vorsichtig schlurfte er in Unterhose und Schlappen Richtung Wohnzimmer. Seine Befürchtungen schienen sich zu bestätigen. Noch bevor er die Tür vorsichtig öffnete, hörte er ein mächtiges Schnarchen. Was hatte er da bloß angestellt. Auf dem Kanapee lag tatsächlich ein Riesenkänguru und ließ alle Viere von sich baumeln. Der Boden war mit leeren Bierflaschen übersät. Leichter Zorn stieg in ihm auf.

„Aufstehen, aber ein bisschen dalli!", schrie Cox.

Willi gähnte laut. Dann rekelte er sich so heftig, dass die Couch knarxte.

„Mach mal nicht so einen Lärm. Habe von dem vielen Bier noch einen leichten Hangover, außerdem mächtigen Kohldampf. Im Zoo war um diese Zeit schon immer alles angerichtet".

„Ich glaube ich spinne, was wünscht der Herr denn zum Frühstück"?

„Lauter Grünzeug, aber nicht zu wenig. Bin nämlich Vegetarier".

„Sonst noch irgendwelche Wünsche"?

„Was Süßes dazu wäre schwer in Ordnung. Ach ja, vergiss nicht Bier zu kaufen. Habe gestern Nacht in der Küche keins mehr gefunden".

Paul Cox verließ fluchtartig sein Haus, sprang in seinen Wagen und fuhr zum nächsten Supermarkt. Wie sollte das nun weitergehen. Er musste schnell eine Lösung finden. Lange hielt er diesen Zustand nicht aus.

Als er zurück in die Wohnung kam, saß Willi wieder vor dem Fernseher.
„Hat aber lange gedauert", maulte dieser, „übrigens ich war im Fernsehen. Im München TV haben sie berichtet, dass ein Känguru aus Hellabrunn gestohlen wurde. Danach haben sie ein Foto von mir gezeigt. Außerdem suchen sie ein Paar als Zeugen, das kurz vor Mitternacht am Eingang des Tierparks gesehen wurde. Einer von ihnen soll einen Staubmantel und einen Schlapphut getragen haben. Bekomme ich jetzt endlich mein Grünzeug"?
„Klar, aber erst räumst du die leeren Flaschen weg, du bist doch kein Pensionsgast"!
Missmutig machte sich Willi an die Arbeit.

Q

Nach dem Frühstück klapperte Cox einige Speditionen ab. Er ließ erkennen, dass es sich bei der Fracht um ein größeres Tier handelte und der Transport wegen Artenschutzabkommen und solchen Sachen nicht ganz legal sei, er aber bereit wäre für das Risiko entsprechend zu bezahlen. Von einem Känguru erwähnte er zu diesem Zeitpunkt natürlich nichts. Im ersten Anlauf biss er überall auf Granit. Er hinterließ jeweils seine Visitenkarte, mit der Bitte um Anruf, falls sie doch noch eine Möglichkeit fänden. Es war bereits später Abend als er nach Hause kam und das Känguru mit einem Sixpack Bier vor dem Fernseher antraf. Sein erster Gedanke war, ich hole morgen die Bullen und lasse Willi abführen. Doch bald beruhigte er sich wieder. Wer hatte schon ein Känguru das sprach und darüber hinaus wusste wo es eine Goldader gab. Er durfte jetzt nur keinen Fehler machen, was hatte er schon zu verlieren!

Q

Der Lektor war etwas enttäuscht, dass die Leseprobe schon zu Ende war. Ein recht ansprechender Stoff. Sollte er das komplette Manuskript anfordern? Wenn er das tat, machte sich der Autor zweifellos Hoffnungen. War dies durch das vorliegende Material gerechtfertigt? Sternheim war sich unsicher. Er wusste, dass es 1,80 Meter große Kängurus, die bis zu 90 Kilogramm schwer wurden, also absolut menschliche Ausmaße besaßen, gab. Auch hatte er von dem Goldrausch, Mitte des neunzehnten Jahrhunderts, in Ballarat, 200 Meilen nördlich von Melbourne, gehört. Auch dass es früher boxende Kängurus gab, war ihm nicht fremd. Diese Punkte waren alle durchaus glaubwürdig. Nur das mit der Sprache, dem Bier trinken und dem Fernsehen, kam ihm etwas überzogen vor. Dieser Cox sollte sich vorsehen, dass er keinem Schwindler aufsaß. Vielleicht wollte Willi gar nicht nach Australien, sondern nur ein bisschen Abwechslung. Oder doch zurück in seine Heimat, aber dann mit großen Sätzen davon hüpfen und den armen Cox im Outback alleine lassen. Was kam danach? Den Job hatte er schon verloren. Wenn aufgrund der vielen Kosten dann auch noch sein Haus weg wäre? Was dann? Durfte er das riskieren? Andererseits war es vielleicht seine letzte Chance, unter der Voraussetzung, man vertraute einem sprechenden Känguru. Alles in allem keine leichte Entscheidung.
In Sternheim sträubte sich etwas. Er spürte, dass er sich nicht in diese Sache mit hinein ziehen lassen durfte. Obwohl ihm dieses australische Abenteuer nicht unsympathisch war, landete es im Absagekorb. So schnell kriegte man Sternheim nicht an den Haken. Was würde auch sein Onkel sagen, wenn er nach der Hundegeschichte, auch noch mit einem Känguru daher käme?

„Eingesperrt"

Ben Saga, graumeliertes, blondes Haar, 1,88 Meter groß, 96 Kilogramm schwer und für seine 60 Jahre gut aussehend, rekelte sich auf seinem unbequemen Feldbett. Es musste nach seinem Gefühl Dienstag sein. Von draußen drang durch ein kleines Fenster etwas Licht. Es war also auf jeden Fall Tag.

Die Garage in der er sich befand, beherbergte außer ihn selbst nur seine Liegestatt, einen kleinen Tisch, auf dem sein Essen abgestellt wurde, einen Spülstein an welchem er sich notdürftig waschen konnte und einen Eimer. In diesen verrichtete er seine Notdurft. Seine „Toilette" hatte er nach der ersten Nacht voller Verzweiflung samt Inhalt an die Wand gefeuert. Aber das hatte ihm nicht wirklich weitergeholfen. Außer dass die enge, dunkle Bude nun auch noch fürchterlich stank. Schließlich war er dankbar, als man ihm Reinigungsmittel zur Verfügung stellte, um diese Sauerei wieder zu entfernen.
Das war gestern.

Dabei hatte alles so cool angefangen.

Q

Seine Frau war mit seinen beiden zwölf und vierzehnjährigen Söhnen letzte Woche, am Mittwoch, für vierzehn Tage nach Mallorca geflogen. Es waren Schulferien. Saga musste bis Freitag arbeiten. Die anschließende Woche hatte er dann auch frei. Er freute sich darauf.
Am Samstag traf er sich mit seinen Kegelbrüdern im „Blauen Krug". Man kegelte, trank natürlich zuviel, erzählte sich die üblichen dreisten Witze, lachte und war rundum zufrieden.
Am Sonntagmittag hatte er vor eine Woche zum Hochseefischen an die Nordsee zu fahren. Er hatte dort nichts fest gebucht, war sich aber sicher in irgendeiner Pension unterzukommen. Keine Anrufe, kein Stress, nur das machen was er wollte.

Doch zurück zur Kegelbahn.

Es war gegen dreiundzwanzig Uhr, die Kegler bereits von Sport und Alkohol leicht erschöpft. Ein Fernseher an der Wand des Raumes hatte die Sportschau übertragen. Für die Bundesliga Fußballspiele hatte man neben dem Kegeln immer noch ein Auge. Dann wurden die Lottozahlen eingeblendet und verlesen.

Achim, der Wirt, hatte gerade eine neue Runde Korn serviert. Er zog mit einem „Prost", einen Zettel aus seiner Schürze und notierte die Gewinnzahlen.

Saga kam gerade strahlend von seinem letzten Schub in das hinter der Kegelbahn liegende Stübchen zurück.

„Alle Neune!", verkündete er lautstark.

„Alle Sechse und Superzahl wären besser", lachte der Wirt, wobei er den Zettel mit den Zahlen in die Luft hielt.

„Obwohl, bei deinem Kegelglück heute würde ich dir das auch noch zutrauen".

„Könnte ich gut gebrauchen, wie lauten denn die Zahlen"?

Der Gastwirt verlas laut die Zahlen.

„Du willst mich nicht verarschen, oder? Woher kennst du meine Zahlen?", fragte Achim in die Runde.

Schlagartig war es in dem kleinen Raum still geworden. Alle starrten ihn an.

Als erster löste sich der Wirt aus der Erstarrung.

„Sag' das noch mal".

„Das könnt ihr mit mir doch nicht machen! Ist das hier vielleicht versteckte Kamera oder so was"?

„Heißt das, das sind wirklich deine Zahlen?", stotterte Achim.

In diesem Moment war bei Ben der Groschen gefallen. Hier ging es um 45 Millionen Euro und er posaunte seinen Gewinn einfach so hinaus.

Seine Kegelkameraden fixierten ihn inzwischen mit Blicken, die er so noch nie bei ihnen gesehen hatte. Es war eine Mischung aller Gefühle, die einem spontan entgegenkommen konnten. Neid, Geiz, Angst, Hoffnung, Freude etc.

„Man darf doch noch einen Spaß machen", Ben schien sich gefangen zu haben.

„Plötzlich ist alles nur Spaß", einer der Kegelbrüder erhob sein Glas, „lasst uns auf unseren neuen Millionär trinken"!

„Ich gebe gerne noch eine Runde aus, aber hört auf mit dem Unsinn", versuchte Saga die hochschlagenden Wogen um sich herum zu glätten. Doch er spürte dass dieser Versuch zu spät kam.

Seine innere Beherrschung wurde förmlich von anderen Dingen die sich in ihm abspielten überrannt. Schweißperlen hatten sich auf seiner Stirn gebildet, ein Zittern durchlief ihn.

Der Wirt drückte ihm ein randvoll gefülltes Schnapsglas in die Hand.

„Nun trink erstmal, du bist ja plötzlich weiß wie eine Kalkfabrik".

Ben Saga kippte den Schnaps in sich hinein und verlangte gleich noch einen. Nach dem dritten Korn hatte er sich wieder etwas gefangen.

„Ist schon starker Tobak, wenn man so nebenbei erfährt, dass man einen Sack, ach was sage ich, einen Lastwagen voll Geld gewonnen hat. Nicht wahr"?

Ernst Kramp, sein bester Freund, tätschelte beruhigend Sagas Schulter. Dieser nickte wie in Trance. Sein Nicken war wie der Startschuss zu einem Aufstand im Irrenhaus. In dem Kegelstübchen ging es so drunter und drüber, dass er nicht mehr wusste, wo vorne und hinten, oben und unten war. Er war so umringt von Leibern, dass er fast keine Luft mehr bekam. Als sich allmählich die Reihen um ihn lichteten, saß des Wirts hübsche Tochter Erna auf seinem Schoß und knutschte ihn ab, als ob sie schon immer seine Geliebte gewesen wäre.

„Wenn ich es einem gönne dann dir mein Süßer", kreischte sie immer wieder.

Jetzt war ihm nur noch schwindlig. Unter dem Johlen seiner Kegelbrüder bahnte er sich seinen Weg nach draußen an die frische Luft. Vor dem Gasthaus musste er sich spontan übergeben. Sich an der Hauswand entlang hangelnd erreichte er den kleinen Biergarten der Wirtschaft, der vollkommen im Dunkeln lag. Mit einem Stöhnen landete er auf einer Bank. Sein schwerer Kopf sank seufzend in seine auf dem Biergartentisch verschränkten Arme. Alles drehte sich um ihn. Kurz darauf war er eingeschlafen. Irgendwann merkte er noch, dass jemand etwas sagte und ihn dann hart anfasste, sonst nichts.

Q

Nun saß er den dritten Tag in dieser Garage. Weshalb, hatten ihm zwei vermummte Gestalten erklärt, die er beim besten Willen niemandem zuordnen konnte. Er glaubte nicht, dass es Kegelbrüder oder jemand aus diesem Umfeld war.

Es ging natürlich um den Lottogewinn und die dazu gehörige Spielscheinquittung. Sein Portemonnaie und die Haustürschlüssel fehlten. Wahrscheinlich durchsuchten sie gerade seine Wohnung, vielleicht hatten sie es ja auch schon getan. Aber Saga wusste, dass dort nichts zu finden war. Heute Abend wollten sie wiederkommen.

Sie hatten ihm Schläge angedroht falls er nicht sagen würde wo sich der Zettel, mit dem man sich fast alle Wünsche erfüllen konnte, befand. Einmal im Leben hatte er nun Glück gehabt. Durfte er diese Chance für sich und seine ganze Familie einfach aus persönlicher Schwäche sausen lassen? Nie und nimmer sagte er sich. Wie viel Kraft hatte ihn sein Job als Meister in einer Kfz-Werkstatt gekostet. Schon oft hatte er sich gewünscht alles hinzuschmeissen. Die könnten ihn mal!

Q

Es war bereits dunkel als er ein Auto vorfahren hörte. Ein Schlüssel drehte sich im Garagenschloss. Die Tür schwang auf. Zwei Männer die ihr Gesicht unter einer dunklen Kapuze versteckten, betraten den Raum. Einer blendete ihn mit einer starken Taschenlampe. Der andere war an ihn herangetreten und schlug ihn ohne Vorwarnung mit der Faust in den Unterleib.

Saga krümmte sich vor Schmerzen.

„Quasi ein Vorschuss, für das was du noch alles erleben wirst, wenn du nicht auspackst!", erklärte sein Peiniger, ein grobschlächtiger, untersetzter Typ.

Es folgte ein zweiter Schlag in seine Magengrube.

„Also, wo ist nun der Spielschein?", hörte er die gleiche Stimme fragen.

Ben Saga rang nach Luft, selbst wenn er etwas hätte sagen wollen, er wäre nicht dazu in der Lage gewesen. Stattdessen hob er nur abwehrend seine rechte Hand.

Seine Geste wurde anscheinend missverstanden.

„Nun gut", ließ sich der zweite Mann, der leicht nuschelte vernehmen, während das durch den Schmerz erzeugte Dröhnen in seinen Ohren nicht nachlassen wollte und ihn eine starke Übelkeit überkam.

„Nun gut", wiederholte dieser fast genüsslich, „wenn sie so wollen, wir können auch anders. Was halten sie davon? Ihre Frau befindet sich gerade mit ihren Söhnen auf Mallorca, das wissen wir seit wir ihr Haus unter die Lupe genommen haben. Statt einem Lottoschein haben wir Reiseunterlagen gefunden. Deshalb wird morgen einer von uns dorthin fliegen. Einer ihrer Söhne wird dann zufällig einen

Unfall haben und unter Umständen dabei versterben. Sie dürfen entscheiden, welches ihrer Kinder das erste sein soll".
Ein fast unmenschlicher Schrei entrang sich Sagas Kehle.
„War das etwa gerade ihre Antwort"?
Der Nuschler schüttelte den Kopf.
„Nun gut, verstanden, sie wollen also dass wir die Entscheidung selber treffen".
Mit diesen Worten versetzte er dem vor ihm stehenden, sich vor Schmerz krümmenden Saga, noch einen brutalen Schlag in den Unterleib. Der Geschlagene ging auf die Knie und sackte vorn über.
„Hat wohl immer noch nicht den Ernst der Lage verstanden", sagte der zweite Gangster.
„Gut wir geben Ihm noch 10 Minuten Bedenkzeit", drang wieder diese nuschelnde Stimme an des unglücklichen Gewinners Ohr.

Die zwei Männer wendeten ihm den Rücken zu und verließen den Raum. Am Boden liegend sah er wie durch einen Schleier die Beine der Männer, die sich kurz durch das von draußen durch die Tür einfallende Licht vom dunklen Raum deutlich abhoben. Trotz aller Schmerzen und der Panik, die ihn befallen hatte fiel ihm auf, dass einer der beiden sein rechtes Bein etwas nachzog. Er trug so etwas wie Cowboystiefel. Der Gefangene stutzte. Kannte er diesen Mann nicht? Aber was spielte das für eine Rolle. Seine Schmerzen im Unterleib ließen nach, er begann wieder klarer zu denken. Ging es nicht darum seine Familie zu schützen? Aber was sollte die Drohung mit seinem Sohn. Selbst wenn sie diese in die Tat umsetzten hätten sie immer noch nicht die Quittung. Doch wenn sie wirklich Ernst machten? Konnte er dieses Risiko eingehen? Und was käme danach? War das ganze Geld es wert, das Leben seiner Familie aufs Spiel zu setzen? Die Zeit lief. Man wollte gleich eine Antwort von ihm. Gab er ihnen die richtige, was machten sie dann mit ihm? Ließen sie ihn laufen. Oder würde er vielleicht beim Hochseefischen einen Unfall haben? Jeder vermutete, dass er seit zwei Tagen an der Nordsee wäre. Für die neuen Lottoscheinbesitzer wäre dann alles in Butter. Er konnte es drehen und wenden wie er wollte, momentan sah er keinen Ausweg aus dieser Nummer. 1000 Gedanken schossen ihm durch den Kopf.
Die Schuhe! Das Nachziehen des rechten Beines. Wie Schuppen viel es Saga von den Augen. Er kannte nur einen auf den dies zutraf. Er hieß Olaf und war der Freund der Tochter des Gastwirts, wo die

ganze Geschichte ihren Anfang hatte. Sollte vielleicht diese ihm etwas in sein Glas getan und dann ihren Galan verständigt haben? Aber was konnte er im Moment mit dieser Erkenntnis oder auch Vermutung anfangen? Wenn er mit seinem Wissen Olaf konfrontierte wäre dies sicher sein sofortiges Todesurteil.

Das Garagentor ging geräuschvoll auf.

„Deine Antwort"?

„Ich gebe euch alles was ich habe".

„Also her damit", Hinkebein hielt ihm drohend seine rechte Faust unter die Nase.

„Ihr wisst dass ich den Lottoschein nicht besitze, das war alles nur so ein Gequatsche auf der Kegelbahn. Ansonsten nehmt euch was ihr wollt. Ich habe 20.000 € auf der Bank, Schmuck und Uhren im Haus. Das könnt ihr alles haben, bloß lasst meine Familie in Ruhe".

Sagas Redeschwall wurde spontan durch einen weiteren Fausthieb in seine Magengegend gestoppt. Ein Aufschrei. Dann einen Moment Ruhe.

„Du hast es so gewollt", beendete der Nuschler den Besuch.

Abrupt verließen die zwei Gangster die Garage und schlossen die Tür.

Sie ließen einen Ben Saga mit schmerzverzerrtem Gesicht und offenen Mund zurück. Er wirkte als ob er noch unbedingt etwas sagen wollte. Aber dafür war es jetzt wohl zu spät.

Q

Wenigstens keine Tiergeschichte. Aber wer wusste schon, wie sich die Gefangenschaft dieses armen Vaters weiter entwickelte. Apropos armer Vater! War man arm, wenn man 45 Millionen Euro gewonnen hatte, selbst wenn man im Moment nicht darüber verfügen konnte? Seine Gefängniswärter mit ein paar dieser Millionen locken, das müsste doch gehen. Dem Gewinner fehlte anscheinend die nötige Fantasie, oder er war zu geizig. Von einem Ausbruchversuch auch keine Spur. Nicht einmal eine ernsthafte Überlegung dieser Art. Da waren historisch betrachtet Menschen unter viel ungünstigeren Bedingungen geflohen. Fast schon langweilig wie sich dieser Saga benahm. Was erwartete er denn? Dass man ihn eines Tages einfach entließ? Warum musste er sich in der Kegelkneipe auch so dämlich

benehmen. Wenn man in einem Gasthaus wie diesem war, dann sollte man sich als Spieler immer schon vorher eine Strategie für solche Fälle zurechtlegen. Mit einer Gewinnquittung in dieser Höhe musste man eben entsprechende Vorkehrungen treffen. Nein dieser Strohwitwer hatte sich keinerlei vorsorgliche Gedanken gemacht. Wahrscheinlich das viele Bier! Dann dieses Umfeld! Kegelbrüder! Grausam!
Dem Lektor war das weitere Schicksal Sagas sichtlich gleichgültig. Sollte er doch in seinem Loch versauern. Millionäre die mit ihrem Vermögen nicht umgehen konnten, taugten für keine gute Story. Sie gehörten vielmehr in ein bestimmtes Körbchen auf seinem Schreibtisch. Das ließ Sternheim umgehend durch seine rechte Hand realisieren.

Nachdem ihn ein großer Schluck aus seiner Flasche die nötige Distanz zum letzten Werk verschafft hatte, beschloss er sich noch eine weitere Leseprobe vom Eingangsstapel vorzunehmen.
„Hallo Taxi", klang jedenfalls vielversprechend. Seine Fahrt zum Zirkus mit einem solchen Gefährt, war ihm immer noch in guter Erinnerung.

„Hallo Taxi"

„Hallo sechs null, hallo sechs null, bitte melden", krächzte die Stimme der Dame der Taxizentrale dem Fahrer aus seinem Funk entgegen. Arnold Neuer, oder Arnie, wie er von seinen Kollegen genannt wurde, drückte auf den Sprechknopf und meldete sich.
„Hier sechs null".
„Arnie, gewünscht im Walfisch".
„Danke, verstanden", lautete die knappe Antwort.

Es war Freitag, kurz vor 18.00 Uhr. Dr. Fritsch, Richter am Landgericht, ließ sich immer am Wochenende, salopp gesagt, volllaufen. Er verlangte grundsätzlich nach Wagen 60, da der Fahrer wusste, wo er wohnte. Nicht immer war es ihm in früheren Zeiten gelungen, bevor Arnold sein Stammfahrer wurde, sich auf dem Heimweg an seine Adresse zu erinnern. Mit den daraus resultierenden, manchmal peinlichen Begleiterscheinungen, war es nun glücklicherweise vorbei. Ein freundliches „nach Hause", reichte als Fahrtzielangabe vollkommen. So war es auch heute. Darüber hinaus hatten sich Fahrer wie Fahrgast, im laufe der Zeit, immer besser kennen gelernt. Der Richter wusste warum Arnold Taxi fuhr und wie er so lebte. Dass es sich bei ihm um einen absolut korrekten Menschen handelte, war ihm bekannt. Nicht zuletzt deshalb, weil ihm Arnold einmal seine volle Geldbörse, die er in dessen Auto verloren hatte, in sein Haus nachtrug. Arnie wiederum kannte aufgrund vieler Erzählungen des Richters, dessen Lebensstil und Denkweise.

Q

Der etwas korpulente, untersetzte, etwa sechzigjährige Richter, nahm neben seinem Lieblingsfahrer platz und lehnte sich nach einem kurzen Gruß gemütlich in seinem Sitz zurück.
„Und Herr Neuer, wie gehen die Geschäfte in dieser schlechten Welt"?
„Wie sie in einer solchen nicht anders gehen können. Ohne zu jammern, wirklich schlecht".
Taxi 60 fuhr los.
„Ich muss heute noch mal außer Haus. Der monatliche Stammtisch des Juristenvereins im Turmbräu. Ich verlange sie dann etwas später wieder, wenn es ihnen recht ist. Aber was erzähle ich, sie kennen sich doch bestens aus mit meinen Gewohnheiten".
„Sie brauchen nicht anzurufen, ich stehe um 19.30 Uhr vor ihrem Haus."
Arnold wusste bescheid. Heute war der erste Freitag im Monat. An diesem brach Dr. Fritsch sein Gelage im Walfisch immer frühzeitig und noch einigermaßen nüchtern ab, weil er eben später und zwar genau um 19.30 Uhr, zu seinem Stammtisch fuhr.

Der Jurist war einer seiner Lieblingskunden. Er gab immer ein gutes Trinkgeld und war, selbst wenn er viel getrunken hatte, ein angenehmer Fahrgast. Außerdem waren seine Äußerungen zum tagespolitischen Geschehen und zur Rechtsprechung meistens sehr interessant. Arnold war sich sicher, dass Dr. Fritsch ein durch und durch sozial eingestellter Mensch war. Seine Ausführungen ließen jedenfalls diesen Schluss zu. Deshalb fand er den Richter sympathisch und glaubte darüber hinaus, dass dies auf Gegenseitigkeit beruhte.

Arnie hielt kurz darauf vor einem kleinen Häuschen am Rande der Stadt. In diesem wohnte sein Fahrgast alleine. Mit einem, „bis bald", verabschiedete sich der Richter. Hier draußen gab es nur Felder und Wald. Außerdem ungefähr einen Kilometer entfernt, den größten Supermarkt, „Chance", der ganzen Region.

Langsam fuhr Arnold wieder Richtung Stadtmitte. Er hoffte noch ein, zwei Fahrten machen zu können, bevor er den Juristen wieder abholte.
„Ein Wagen nähe Bahnhof?", plärrte der Taxifunk.
„Sechs Null, kurz davor", kam Arnies präzise Standortangabe.
„Sechs Null, eine Dame am Bahnhofseingang"!
„Verstanden"!
Das Fahrziel der Dame lag dummerweise weit entfernt von Dr. Fritsch Haus. Als er wieder frei war, musste er gewaltig auf die Tube drücken um noch rechtzeitig bei seinem abzuholenden Fahrgast zu sein.
Immer diese Hetzerei, bei diesem Hungerlohn, ging es ihm auf der Fahrt durch den Kopf.

Q

Nach 25 Berufsjahren war sein Arbeitgeber in Insolvenz gegangen. Weil er nicht arbeitslos sein wollte, fing der gelernte Buchdrucker als Taxifahrer an. Bei späteren Bewerbungen sah er förmlich, wie bei Einstellungsgesprächen aufgrund seiner letzten Tätigkcit, die Nase gerümpft wurde. Nach drei Jahren hatte er aufgehört sich zu bewerben. Welche Möglichkeiten bot ihm dieses Leben noch? Der Status quo war jedenfalls nicht zufriedenstellend. Auf legale Weise kam er definitiv nicht weiter. Aber was tun?

Q

Dr. Fritsch verließ in Hut und Mantel gekleidet gerade sein Haus, als Arnold vorfuhr.
„Pünktlich wie ein Maurer, so sagt man doch? Aber warum eigentlich?", bemerkte der Jurist während er einstieg.
Er griff in die Mantelinnentasche und beförderte einen silbernen Flachmann ans Tageslicht, aus welchem er einen Schluck nahm.
„Sie könnten sicher auch einen vertragen, aber sie dürfen ja nicht", sagte er bedauernd.
„Leider", Arnold schüttelte den Kopf.

Kurz vor dem Supermarkt bremste Arnie abrupt das Taxi und verlangsamte die Fahrt.
„Entschuldigen sie Herr Dr. Fritsch, es ist mir zwar peinlich, aber dürfte ich hier schnell einen Blumenstrauß besorgen. Ich habe heute Hochzeitstag und hatte bisher noch keine Gelegenheit einen zu erstehen. Die Läden machen gleich alle zu".
„Kein Problem Herr Neuer, lassen sie sich Zeit. Die werden mir im Turmbräu schon was zu Trinken übrig lassen".
„Das ist wirklich sehr nett von ihnen", Arnie parkte das Taxi direkt neben dem Eingang des Einkaufszentrums.
Mit den Worten, „bin gleich wieder zurück", ließ er seinen Fahrgast alleine im Wagen sitzen.

Als Arnold zurück kam und seinen großen Blumenstrauß auf den Rücksitz des Wagens legen wollte, staunte er nicht schlecht, da auf diesem ein zweiter Fahrgast, mit ein paar Einkaufstüten saß.
„Steigen sie endlich ein und fahren sie los!", fauchte ihn der Kapuze und Sonnenbrille tragende Mann an. Um seiner Ansage Nachdruck zu verleihen, hielt er dem Richter eine Pistole an den Hinterkopf.
Arnie erstarrte bei diesem Anblick.
„Wird's bald!", hörte er den Typen aus dem Fond des Wagens schreien.

Der Richter lächelte erstaunlicherweise, als Arnold eingestiegen war und ihm den Blumenstrauß auf den Schoß legte.
„Danke", sagte er dabei leise, als ob die Blumen für ihn bestimmt wären.

„Fahr endlich los!", keifte wieder die Stimme von hinten.

„Wohin denn?", fragte Arnie während er den Motor startete.

„Einfach geradeaus, aber schnell"!

„Das sage ich auch immer, wenn ich besoffen bin", ließ sich der Richter vernehmen.

„Schnauze halten!" und mit dem Revolver auf Arnies rechte Schulter klopfend, „gib schon endlich Gas"!

„Können sie mir vielleicht sagen was das alles soll?", erkundigte sich Arnie zaghaft.

Nach kurzem Schweigen versuchte der Richter das Rätsel zu lösen.

„Der hat sicher den Supermarkt überfallen. Die Beute ist sehr wahrscheinlich in diesen Plastiktüten. Warum er allerdings für seine Flucht ein Taxi nimmt, begreife auch ich nicht".

„Haltet das Maul da vorne, verdammt noch mal" und zum Richter, „du bist wohl ein ganz Schlauer und mich hältst du wohl für blöd, oder"?

Dabei fuchtelte er wild mit seinem Revolver herum.

„Hab ich nicht behauptet. Nur normalerweise hat man sein eigenes Fluchtfahrzeug vor der Tür stehen".

„Hab ich auch! Aber als ich aus dem Laden kam, war auf dem Parkplatz jemand mit seinem Auto, in meins hinein gefahren. Hätte ich mich dazustellen sollen und warten bis die Bullen kommen"?

„Verstehe, da kam ihnen dieses Taxi gerade recht. Sind sie damit einverstanden, dass wir uns wenigstens den Fahrpreis teilen"?

Arnold glaubte nicht richtig zu hören. Jetzt fing der Richter auch noch an den Räuber zu veräppeln. Dieser schaute dauernd nach hinten zum Rückfenster hinaus. Aber weit und breit kein Verfolger, deshalb drosselte Arnie auch etwas die Geschwindigkeit.

„Wohl Komiker oder so was? Wenn ihr nicht macht was ich sage geht es euch dreckig. Verstanden?", fing der Gangster wieder an.

„Mit dem Komiker liegen sie fast richtig. Ich muss mich jeden Tag verkleiden, bevor ich meine Bühne betrete und mir närrisches Zeug anhöre."

„Wie meinen sie das nun wieder"?

„Nun ja so ist das, wenn man den Beruf eines Richters ausübt".

„Richter?", überlegte der Supermarkträuber eine Spur zu laut und überrascht.

„Ja, Richter. Ich habe so ein Gefühl, dass wir uns kennen".

„Wie kommen sie darauf"?

„Vor zirka vier Jahren habe ich einen Tankstellenräuber zu
eineinhalb Jahren verurteilt. Die Strafe fiel damals so gering aus,
weil dieser für den Überfall eine Spielzeugpistole benutzt hatte".
„Und, was hat das mit mir zu tun"?
„Wahrscheinlich sehr viel. Ich glaube, dass sie genau dieser Ernst
Gebauer sind, den ich damals verurteilt habe. Außerdem meine ich,
dass die Pistole die sie benutzen, wieder keine echte ist".
Im Fond herrschte plötzlich Schweigen.

Sie waren inzwischen weit außerhalb der Stadt, auf einer Landstraße
unterwegs.
„Herr Neuer, fahren sie doch bitte da vorne in den Waldweg".
„Du bist wohl wahnsinnig Mann! Ihr macht das was ich sage!
Weiterfahren"!
Aber es war schon zu spät, das Taxi bog bereits in genannten Weg
ein.
„Halten sie doch mal an", bat der Richter nach ein paar hundert
Metern, „und sie da hinten werden endlich vernünftig".
„Es ist zwar kein richtiger Revolver aber immerhin eine
Schreckschusswaffe, die reicht auf kurzer Distanz"!
„Ich kenne sie wahrscheinlich besser, als sie sich selbst", stellte der
Richter fest. Dabei griff er in seine Mantelinnentasche und holte den
Flachmann hervor. Anscheinend gut gelaunt nahm er einen Schluck.
„Wollen sie auch einen Herr Gebauer"?
„In was für einem Film bin ich hier eigentlich?", fragte der so
angesprochene und griff dabei, zum Erstaunen Arnolds, zum
angebotenen Drink.
„Guter Mann", stellte der Jurist fest, „jetzt interessiert mich nur noch
wie sie das Ding gedreht haben".
„Wieso das denn"?
„Vielleicht können wir ihnen aus dem Schlamassel wieder
heraushelfen. Ich glaube nicht, dass sie uns beide umbringen wollen.
So gut kenne ich sie. Also raus mit der Sprache"!
Verunsichert, mit Schweißperlen auf der Stirn, schaute der
Supermarkträuber vom Richter zu Arnold und wieder zurück.
„Ist doch schon egal. Also ich bin mit diesen Einkaufstüten in das
Büro des Chefs, der gerade die Einnahmen für den Geldtransport
fertig machte. Ich habe ihn bei sich zu Hause anrufen lassen. Dort
befand sich mein Kumpel, der vorgab, seiner Frau und dessen zwei
Kindern etwas anzutun, falls er mir nicht das geforderte Geld

aushändigen würde. Der Rest war ganz einfach. Der Marktleiter hat die Tüten vollgepackt, schätze eine viertel Million und mich durch den Lieferanteneingang hinaus gelassen. Er ist dann in sein Büro zurück, weil ich ihm klar gemacht habe, falls ich verfolgt würde, na ja sie wissen schon, seine Frau. Den Rest kennen sie".

„Wenn ich sie richtig verstanden habe, handelt es sich nicht nur um einen schweren bewaffneten Raubüberfall, sondern auch noch um Kidnapping. Mit ihrer Vorstrafe zusammen, schlappe zwanzig Jahre Zuchthaus. Bei guter Führung fünfzehn".

Gebauer hatte seine Kapuze vom Kopf gestreift und seine Sonnenbrille abgenommen. Sein Gesicht war aschfahl. Seine Hände zitterten.

„Mann, wollen sie mich fertig machen"?

„Nein, vielleicht sogar helfen. Seit dieser Geschichte mit der Spielzeugpistole weiß ich, dass sie ein relativ harmloser Zeitgenosse sind".

Das Selbstvertrauen des Räubers schwand zusehends.

„Wie wollen sie mir helfen. Was passiert ist, ist passiert".

„Ich könnte sie freisprechen".

„Sie meinen ich soll mich stellen und sie sprechen mich dann in der Verhandlung frei. Das glauben sie doch selber nicht".

„So habe ich es auch nicht gemeint".

Der Taxifahrer kam aus dem Staunen nicht mehr heraus. Das war doch alles nicht möglich. Mit den Worten,

„ich brauche etwas frische Luft", fuhr er die Seitenfenster herunter. Der Gangster schaute ihn dabei richtig dankbar an.

„Nun sagen sie schon", drängte Gebauer den Richter förmlich.

„Was ich ihnen nun anbiete, tue ich nur einmal. Haben sie verstanden"?

Vom Fond des Wagens kam ein bestätigendes, hoffnungsvolles Nicken.

„Wir setzen sie in der Stadt ab, wo sie wollen. Sie haben uns heute nicht gesehen und wir sie nicht. Das heißt, diese Taxifahrt hat nie stattgefunden. Das Geld behalte ich. Es wird einem wohltätigen Zweck zugeführt. Wenn sie mit dem Geld erwischt würden, könnte man ihnen den Raub zuordnen. Ohne die Beute kann ihnen nichts passieren. Kein Geld, kein Raub. Der Supermarkt ist versichert".

„Das ist doch nicht ihr Ernst"!

„Und ob. Solch eine Chance bekommen sie nie wieder in ihrem
Leben. Oder haben sie eine bessere Idee. Mit dem Geld können wir
sie nicht laufen lassen ohne sie zu verraten. Wir würden uns
mitschuldig machen. Also noch mal. Das Geld verschwindet. Es gab
keinen Überfall. Es gibt keinen Täter und keinen Verurteilten".
Gebauer war verzweifelt, das war deutlich zu erkennen. Er focht mit
sich selber einen letzten, verbissenen Kampf.
„Sie beide würden mir ihr Ehrenwort geben und mich nicht
anzeigen"?
„Das bekommen sie von uns, nicht wahr, Herr Neuer?"
Arnold nickte zustimmend.
„Dann fahren sie mal in die Stadt zurück".
Der Taxifahrer startete den Motor und tat wie ihm geheißen.
„Moment mal", kam es noch einmal vom Rücksitz. Doch Dr. Fritsch
winkte nur ab und reichte noch einmal den Flachmann nach hinten.

Gebauer stieg an dem von ihm vorgegebenen Ziel ohne ein Wort zu
sagen aus. Sicher wusste er immer noch nicht wie ihm geschah. Er
wirkte richtig verstört.

„Jetzt geben sie aber bitte Gas, der Juristenstammtisch wartet auf
mich. Dass sie auch immer solche Umwege fahren müssen", meinte
der Richter schmunzelnd.
Arnold schaute Dr. Fritsch mit offenem Mund sprachlos an.
Am Turmbräu stieg dieser aus.
„Würde mich freuen, wenn ich sie später wieder rufen dürfte. Sie
kennen doch mein kleines Problem mit dem Heimweg".
„Natürlich Herr Richter, aber", Arnold deutete auf den Rücksitz,
„das Geld"?
„Hätte ich fast vergessen. Sie sind natürlich der wohltätige Zweck.
Machen sie etwas daraus! Meine Empfehlung auch an ihre Gattin.
Bis nachher".

Q

Rechtsprechung im Taxi, das schien schon etwas übertrieben. Die
Figur des Richters war aber gut dargestellt. Dass dieser nach
Feierabend gerne einen trank, machte ihn menschlich und

glaubwürdig. Jedenfalls empfand Sternheim diese Neigung nicht als unsympathisch. Der verzweifelte Gebauer musste ausgerechnet in den Wagen mit diesem alten Fuchs einsteigen. Nun, es gab solche Tage, an denen nichts richtig gelingen wollte. Der Taxifahrer war natürlich fein raus. Oder auch nicht? Barg der Besitz des Geldes nicht auch gewisse Gefahren? Würde Gebauer versuchen sich wieder der Beute zu bemächtigen?
Dr. Fritsch war sicher als einziger aus dem Schneider. Wirklich?
Allmählich schwirrte dem Lektor der Kopf. Er schaute auf die Uhr.
Wahrscheinlich der Hunger, oder doch dieser verwirrende Stoff?
Aus diesem Gefühl heraus warf er spontan die Leseprobe in den Absagekorb und verließ eiligen Schrittes sein Büro.

Q

Die frische Abendluft auf dem Weg zum Gasthaus, befreite den Kopf des Lektors fast gänzlich von seinen Romanfiguren. Aber nur fast! Kurz vor dem Restaurant lief ihm ein Hund vor die Beine. Er stolperte über diesen. Die Nichtbeachtung des Tieres brachte ihm von diesem ein wehleidiges Jaulen und von dessen Herrchen das auf der gegenüber liegenden Straßenseite stand, den Zuruf,
„so passen sie doch auf, sie Trottel", ein.
Verwirrt ob des Geschehens war Sternheim froh, als er kurz darauf das schützende Gasthaus betrat.
„Wieder ein Hund", entfuhr es ihm, als er schon am Tisch platz genommen hatte.
„Wie meinen?", erkundigte sich die Bedienung, die schon vor ihm stand.
Sternheim nickte ihr zu. Die Bestellung war damit aufgegeben.
„Einmal Wiener Schnitzel mit Kartoffelsalat, dazu ein Bier", sagte die Kellnerin vor sich hin, während sie sich Richtung Küche bewegte.

Beim Essen veranlasste ihn das Knurren seines Magens unter den Tisch zu schauen. Aber da war nichts. Es machte den Lektor allmählich ärgerlich, obwohl er sich sonst nie aus der Ruhe bringen ließ, dass er immer wieder von diesen Viechern belästigt wurde.
Diese würden ihn bestimmt noch länger mit ihrer Heulerei, Bellerei,

Sabberei und nicht zuletzt Furzerei, stören. Schuld war er selbst, gestand er sich ein. Welcher Teufel hatte ihn auch geritten, dass er ausgerechnet in der Lektorenkonferenz heute Morgen, dieses Thema behandeln ließ. Schließlich war man auch noch seinem Vorschlag gefolgt. Er war einfach in letzter Zeit etwas unkonzentriert, vielleicht auch überarbeitet. Dann passierten eben solche Fehler.

Der Lektor trat ärgerlich, einer für ihn unüblichen Gefühlsregung folgend, mit dem rechten Bein unter dem Tisch aus. Natürlich ging der Tritt ins Leere. Diese Biester, dachte er sich verärgert.
Der Geldbeutel lag zum Öffnen bereit auf dem Tisch. Die Kellnerin erschien wie gewohnt und kassierte, während der Lektor noch einmal misstrauisch unter dem Tisch nachsah.
„Haben sie etwas verloren?", fragte die fürsorgliche Bedienung selbst suchend unter den Tisch schauend.
Sternheim hob langsam seinen Kopf, während er die Fragestellerin streng musterte. Er winkte statt einer Antwort mit seiner rechten Hand gelangweilt ab und verließ das Lokal. Warum mussten Frauen auch immer so neugierig sein, dachte er sich.

Q

Der Lektor war etwas später dran als gewöhnlich. Ernies Bar deshalb schon gut besucht. Nachdem er sich an der Theke vorbeigearbeitet hatte, stellte er zufrieden fest, dass sein Nischenplatz noch frei war. Dies war kein Zufall. Der Wirt hatte sich für seinen Stammgast eine neue Aufmerksamkeit einfallen lassen. Diese bestand darin, dass Eckehard beim Hinsetzen, vor sich auf der Theke, ein „Reserviert-Schild", vorfand. Etwas verunsichert beäugte der Lektor dieses. Forderte man ihn etwa dadurch auf das Feld zu räumen?

„Das hat der Wirt extra für sie hingestellt. Er meinte sie würden bestimmt gleich auftauchen. Und da sind sie auch schon. Freut mich sie wieder zu sehen".
Der Lektor war gerade mit der Rückseite des Schildes beschäftigt. Diese führte zum gleichen Ergebnis. „Reserviert".

„Sagen sie", fing der Mann neben ihm auf dem Eckplatz des Tresens wieder an, „ich verstehe ja wenn jemand nach der Arbeit müde ist, aber zu einem kurzen Gruß müsste es doch reichen, oder"?
Sternheim kam derweil zu dem Schluss, dass dieser Hinweis vor ihm ein Versehen sein musste. Deshalb beschloss er, diesen einfach nicht mehr zu beachten.
Der Kneipier brachte ihm mit einem Gruß sein Glas Rotwein und ließ gleichzeitig dieses lästige Etwas vor ihm von der Theke verschwinden. Sternheim war erleichtert, gab es doch in seinem Leben derzeit genug Komplikationen. Wenigstens war er hier in seiner Nische vor diesen etwas sicherer. Entspannt ließ er sich den ersten Schluck Wein schmecken.

„Nehmen sie mir vielleicht übel, dass das neulich Nacht mit dem Hund nicht geklappt hat? Wenn sie inzwischen wieder im Besitz des Tieres sind, darf ich ihnen sagen, dass ich immer noch interessiert wäre. Ich würde ihn sogar kaufen. Am Geld soll es nicht scheitern".
Als in Sternheims Gehirn, das Wort Hund ankam, führte dies zu einem Reflex mit äußerst unangenehmer Folge. Sein rechtes Bein trat vehement aus. Das Schienbein wurde dabei von der Stange im unteren Bereich der Theke gebremst, die normalerweise dazu diente, bequem seine Füße darauf zu stellen. Der plötzliche starke Schmerz, ließ ihn mit einem Aufschrei von seinem Sitz hochfahren. Danach gab er noch einige unverständliche Laute von sich, die er mit krampfhaften Bewegungen begleitete.
Der Wirt war mit weit aufgerissenen Augen und offenem Mund herbeigeeilt, während er hilflos die weitere Entwicklung verfolgte. Der Gast neben Sternheim hatte den Kopf eingezogen und fragte sich betroffen, ob er der Auslöser dieser Vorstellung war. Damit lag er anscheinend gar nicht so falsch. Denn Sternheim zeigte, während er sich langsam wieder in den Griff bekam, mit ausgestrecktem Zeigefinger, zweifellos Schuld zuweisend, in seine Richtung.
„Was haben sie schon wieder angestellt?", wollte der Barchef wissen, „können sie denn den Lektor nicht in Ruhe lassen"?
„Entschuldigung", kam es kleinlaut, „ich habe ihn doch nur nach seinem Hund gefragt".
„Schon wieder!", schrie der so gepeinigte, „auf Schritt und Tritt verfolgt er mich mit diesen Kötern. Damit nicht genug! Dann bietet er mir auch noch Geld! Den ganzen Tag hatte ich nur mit Hunden und Geld zu tun. Wird man denn nie in Ruhe gelassen"?

Der Wirt hatte seine beiden starken Arme bedrohlich auf die Theke gestemmt und sich nach vorne gebeugt. Dabei musterte er äußerst konzentriert Sternheims Nachbar.

„Sie sind anscheinend ein ganz böser Finger. Ich will gar nicht wissen für welche Sauerei sie diesem Mann Geld angeboten haben. Zahlen sie ihre Zeche und verschwinden sie"!

Die Worte des Kneipiers bekamen zusätzlich Nachdruck durch die Tatsache, dass sich einige seiner Stammgäste hinter dem Ärmsten aufgebaut hatten.

„Aber ich….".

„Kein weiteres Wort! Zahlen und verschwinden"!

Mit einem Blick auf Sternheim versuchte es der unglückliche Tierfreund noch mal.

„Sie können doch bestätigen…".

„Raus!", wurde auch sein letzter Versuch abgewürgt.

Der missverstandene Gast legte einen Geldschein auf die Theke und verließ ohne ein weiteres Wort die Bar.

Der Gastronom war mit seiner Aktion zufrieden. Doch ein Lob von dem durch ihn Beschützten war nicht zu erwarten, das wusste er. Der Lektor saß derweil wieder in sich versunken in seiner Ecke und starrte sein Rotweinglas an. Es herrschte endlich Ruhe um ihn.

Q

Was war nur los auf dieser Welt? Wenn die Menschen mal nicht hinter Hunden her waren, dann beschäftigten sie sich damit, wie man an Geld oder Gold, was das gleiche war, kam. Gut das spielte sich alles hauptsächlich in seinen Büchern ab. Doch diese waren schließlich ein Spiegelbild der Realität. Was beschrieben wurde, fand auch statt. Manchmal zeitverzögert, aber immerhin. Jules Verne kam dem Lektor bei diesen Gedanken in den Sinn. Gegenüber dessen, zu seiner Zeit verfassten Büchern, waren seine zu prüfenden Manuskripte die reinsten Tatsachenberichte. Noch besser ausgedrückt, Zeitdokumente.

Sternheim hätte darauf gewettet, dass der Typ mit dem Känguru, schon längst auf einem illegalen Weg unterwegs nach Australien war. Er ging dabei wie dieser Lottogewinner und der Richter kein geringes Risiko ein.

Klar musste man differenzieren. Der Arbeitslose hatte Existenzängste, riskierte aber gleichzeitig sein kleines Häuschen. Eindeutig nicht aus Tierliebe! Die konnte man sicher nicht im nötigen Maße für ein Känguru aufbringen, das den ganzen Tag nur soff, rauchte und fernsah. Außerdem, wenn jemand früher sein Geld mit Boxen auf Rummelplätzen verdient hatte, konnte er bestimmt nicht als seriös betrachtet werden. Die treibende Kraft war also eindeutig Geldgier!

Der Fall des Lottogewinners dagegen war etwas anders gelagert. Da hatte ein Mensch endlich mal Glück im Leben und dann tauchte jemand auf, der ihm einfach die Zunge herausstreckte. Durfte man sich das gefallen lassen, oder musste man da dagegen halten? Schließlich wurde dann doch das persönliche Befinden, wie auch die Familie hintenan gestellt, weil man auf den Mammon fixiert war. Dass die Gangster an die Millionen heran wollten, war sicher ihrer Natur geschuldet, bestätigte aber auch in diesem Fall, dass es immer nur um Geld ging.

Recht ist fließend. Es floss meistens in die Richtung, wo sich Geld oder Kapital befand. Der Richter hatte also die Weiterentwicklung des geltenden Rechts nur vorweggenommen oder beschleunigt. So gesehen, ein weiser Jurist. Im Grunde ähnlich vorausschauend wie dieser Jules Verne. Nur schneller und effektiver! Trotzdem auch in diesem Falle spielte Geld die wesentliche Rolle. Der Supermarkträuber war eindeutig hinter diesem her. Der Taxifahrer überlegte sicher auch schon die ganze Zeit wie er an welches käme. Der Richter sprach bestimmt im Amt Recht, das hauptsächlich von materiellen Überlegungen getragen wurde. Im konkreten Falle tat er nichts anderes als sonst im Gerichtssaal. Er hatte dem Unschuldigen zu einer schönen Summe verholfen.

Zu wünschen blieb nur, dass sich diese kriminellen Elemente nicht eines Tages aus irgendeiner Laune des Schicksals heraus, zusammentaten. Man stelle sich vor, ein arbeitsloser Werkzeugmacher, ein saufendes und rauchendes Känguru mit Boxausbildung, zwei Gangster, ein Kfz-Meister, der bereit war größere Risiken einzugehen, ein Supermarkträuber, ein mit allen

Wassern gewaschener Richter und für alle Fälle ein versierter
Autofahrer, würden zusammenarbeiten.
Der Lektor nahm einen großen Schluck Rotwein und stöhnte vor sich
hin, „oh Mann". In dieser Konstellation musste sich die Exekutive
aber wirklich warm anziehen.

Sternheim fühlte sich bei all diesem Durcheinander seiner Gedanken
zunehmend unwohl. Deshalb trank er noch ein Glas Wein fast auf
ex, bezahlte und verließ die Bar.
Auf dem Heimweg sah man ihn mehrmals, als ob ihm irgendwas
gleichgültig wäre, mit den Schultern zucken. In der Art - es gab eben
solche Tage!

Geld regiert die Welt!
Können Kängurus lügen?
Hunde sind leider überall.
Jules Verne und der Richter.

Diese Sätze schrieb der erschöpfte Lektor eher flüchtig nieder, bevor
er zu Bett ging und sofort einschlief.

Freitag

Der Lektor verließ sein Bett eine Stunde später als üblich. Dann nahm er, immer noch schläfrig und träge, seine Frühroutine in Angriff. Es fiel ihm alles schwerer als gewöhnlich.
Gut, dachte sich Sternheim, der erstaunlicherweise seinen Zustand selbst wahrgenommen hatte, was selten vorkam, es war eine lange, anstrengende Woche gewesen. Nicht zu vergessen die Begleitumstände. Bei dem Gedanken an diese, wurde ihm regelrecht übel. Deshalb zog er ernsthaft in Erwägung, wieder Zuflucht in seinem Bett zu suchen. Doch die über Jahre antrainierte Gleichmäßigkeit seiner Handlungen ließ das nicht zu.

Q

Schließlich und endlich fand er sich kurze Zeit später, wie jeden Tag, in seinem Büro wieder.
Es war bereits nach 13.00 Uhr, als sich der Lektor in seinen Sessel fallen ließ, die Wodkaflasche öffnete und mit einem tiefen Schluck die letzten Schatten der vergangenen Nacht vertrieb. Er war wieder voll da.
Seine linke Hand zog eine Leseprobe aus dem vor ihm liegenden Stapel.
Es konnte losgehen!

„Nichts als Schuhe"

Alexander Imhof lag seit sechs Tagen im Bett. Er konnte und wollte
kein Licht ertragen, verweigerte die Nahrungsaufnahme, mochte
schlichtweg nichts mehr wissen von dieser Welt.
Seine Zugehfrau, Frau Maier, die zweimal die Woche für einige
Stunden zu ihm kam um aufzuräumen, zu putzen und gelegentlich
etwas zu kochen, hatte ihn in diesem Zustand angetroffen. Alles gute
Zureden ihrerseits half nichts. Schließlich ließ sie entgegen Imhofs
Willen dessen Hausarzt kommen. Auch dieser konnte nicht erkennen
woran es dem Hausherrn fehlte. Imhof, so musste er feststellen,
verschloss sich ihm auf seine Fragen gänzlich. Eine Untersuchung
die er vornahm, obwohl sich sein Patient dagegen regelrecht
sträubte, ließ keine gängigen Krankheitssymthome erkennen.
Deshalb schloss er auf eine starke Depression. Bevor er weitere
Schritte einleitete, verabredete er mit der Haushälterin, den Patienten
noch einige Tage im Auge zu behalten. Ferner bat er sie, ihn sofort
zu verständigen, falls sich sein Zustand verschlechtern würde.
Vielleicht handelte es sich lediglich um einen vorübergehenden
Erschöpfungszustand und es trat von selbst eine Besserung ein.
Außerdem erkundigte er sich, ob es denn keine Angehörigen gäbe,
die vielleicht eher als er, Zugang zum Kranken finden würden. Frau
Maier wusste von einer Nichte, die ihn als Einzige alle paar Wochen
besuchte, worüber sich Herr Imhof zweifellos immer sehr gefreut
hatte. Sie versprach diese sofort zu benachrichtigen.

Q

Dass Herr Imhof, dieser achtundsechzigjährige Mann etwas
sonderbar war nahm Frau Maier gerne in Kauf.

Unmengen von Schuhen, die er in extra gefertigten Schränken in
Räumen des ersten Stocks und im Keller aufbewahrte. Diese Zimmer
hatten Museumscharakter, dienten sie doch ausschließlich der
Verwahrung und Zurschaustellung von Schuhwerk jeglicher Art.

Die Zugehfrau erklärte sich dieses Hobby ihres Dienstherrn als normale Sammelleidenschaft. Manche Menschen sammelten Briefmarken, Bierkrüge oder Sonstiges. Ihr Herr Imhof eben Schuhe. Ansonsten wurde sie von diesem alten Herrn immer äußerst korrekt und freundlich behandelt. Sie konnte nur Gutes über ihn berichten. Deshalb ging ihr sein derzeitiger Zustand auch persönlich nahe. Ihr Anruf bei dessen Nichte führte dann auch zum gewünschten Erfolg. Frau Ohnsorg wollte sich den ganzen nächsten Tag frei nehmen und gegen 10.00 Uhr bei ihrem Onkel sein.

Q

Am nächsten Tag öffnete Frau Maier der Besucherin die Tür und unterrichtete diese noch mal persönlich über das momentane Befinden ihres Onkels.

Die Nichte betrat alleine das Schlafzimmer des Kranken. Die schweren Vorhänge waren vorgezogen, die Luft muffig. Im ersten Moment konnte sie aufgrund der Dunkelheit ihren Onkel in seinem Bett gar nicht wahrnehmen. Deshalb durchquerte sie den Raum, zog die Vorhänge zur Seite und öffnete die Fenster.
Herr Imhof hatte sich im Bett aufgerichtet, den rechten Unterarm wegen des hellen Lichts, schützend vor die Augen haltend.
„Was fällt ihnen ein?", hörte man ihn mit matter Stimme sagen, „ziehen sie sofort wieder die Vorhänge zu"!
„Du kannst ruhig Gerlinde zu mir sagen. Nur weil ich ein bisschen frische Luft und etwas Licht hereinlasse, brauchst du mich nicht zu siezen".
„Gerlinde, was machst du denn hier?", fragte Imhof, während er sich wieder flach legte und seiner Nichte dabei den Rücken zudrehte, so als ob er sich vor ihr verstecken wollte.
„Wenn es meinem Lieblingsonkel nicht gut geht, muss ich mich wohl um ihn kümmern. Deshalb habe ich auch frische Brötchen mitgebracht und die Leberwurst, die du so gerne magst. Ein Mann in den besten Jahren, der den ganzen Tag im dunklen Zimmer liegt und nichts isst, das kann doch wohl nicht angehen"!
Keine Antwort.

Gerlinde setzte sich zu dem Armen auf das Bett und streichelte behutsam seinen Rücken. Er ließ es sich gefallen, zeigte aber keinerlei Regung. Was mochte ihn bedrücken? Was fehlte ihm? Warum äußerte er sich nicht?
Mit Speck fängt man Mäuse, dachte sich Frau Ohnsorg.
„Ich bin immer zu Kompromissen bereit. Deshalb werde ich die Vorhänge wieder halb zuziehen. Anschließend mache ich dir ein schönes Frühstück".
Herr Imhof reagierte nicht. Seine Nichte verließ das Zimmer.

In der Küche bereitete sie mit der Haushälterin die Mahlzeit zu.
„Was ist denn bloß los mit meinem Onkel?", fragte sie diese.
„Wenn ich das wüsste", antwortete Frau Maier schulterzuckend.

Die Nichte betrat mit dem Frühstück, das sie auf einem Tablett neben das Bett auf ein Tischchen stellte, das Schlafzimmer. Dann setzte sie sich schweigend auf einem Stuhl dazu. Weder der Duft des Essens, noch das klimpern des Löffels beim umrühren des Kaffees, bewegten Herrn Imhof sich zu bewegen. Er zeigte Gerlinde weiterhin seine kalte Schulter. Auch gutes Zureden und Erinnern an gemeinsame, schöne Erlebnisse, führten nicht dazu, dass sich der Kranke Frau Ohnsorg zuwendete, oder gar einen Bissen aß.
Die Nichte beschloss ihren Onkel allein zu lassen, vielleicht würde er dann etwas zu sich nehmen. Leisen Schrittes verließ sie deshalb den Raum.

Mit Frau Maier setzte sie sich an den Küchentisch.
„Womit könnte man meinem Onkel denn eine Freude bereiten? Haben sie da vielleicht eine Idee?", fragte sie den guten Geist des Hauses.
Die Haushälterin schüttelte den Kopf.
„Hat er denn wirklich überhaupt keine Hobbys oder Vorlieben"?
„Ich weiß nicht, ob man das als Hobby bezeichnen kann", überlegte Frau Maier laut.
„Was meinen sie damit"?
„Na all diese Schuhe, im ersten Stock und im Keller"!
„Welche Schuhe"?
„Haben sie die noch nie gesehen"?
Frau Ohnsorg schüttelte den Kopf.
„Dann kommen sie mal mit"!

Die Nichte folgte der Zugehfrau in den ersten Stock und kam aus dem Staunen nicht mehr heraus. Nicht etwa in herkömmlichen Schuhschränken, sondern in regelrechten Vitrinen, waren hunderte Schuhpaare untergebracht. Halbschuhe, Slipper, Stiefel, Winterschuhe, Hausschuhe, Sportschuhe, Wanderschuhe, aus unterschiedlichsten Materialien gefertigt. Wo sie auch hinschaute, nichts als Schuhe. Sie standen auf Stegen, in Reih und Glied. Jedes Paar war mit einem Datum versehen. Wahrscheinlich dem Kaufdatum. Die meisten Schuhe schienen ungetragen. Gerlinde ging mit offenem Mund, gefolgt von einer schweigenden Frau Maier, von Raum zu Raum. Alle vier Zimmer auf diesem Stockwerk wurden tatsächlich ausschließlich zur Schuhaufbewahrung genutzt.

„Die Kellerräume sehen genauso aus", unterbrach die Zugehfrau die eingetretene Stille.

„Ich kannte bisher nur Parterre. Das Wohnzimmer, das Schlafzimmer, das Badezimmer, die Küche und die Terrasse. Weiter bin ich bisher nicht in die Privatsphäre meines Onkels vorgedrungen. Er selbst hat nie mit mir über die Schuhe gesprochen. Das bedeutet, ich habe ihn zwar häufig besucht, aber eigentlich nie richtig kennengelernt. Von diesen Schuhen hatte ich bis heute absolut keine Ahnung. Irgendeine Bewandtnis muss es mit diesen aber haben, sonst hätte er sie doch nicht zu seinem Lebensmittelpunkt gemacht. Das sind die Schuhe doch zweifellos. Oder was meinen sie"?

„Das ist schon sehr geheimnisvoll, dass selbst sie nichts davon wussten".

„Auf alle Fälle müssen Schuhe für meinen Onkel von großer Bedeutung sein. Vielleicht bekomme ich über diese wieder Zugang zu ihm. Ich werde es auf jeden Fall probieren".

Frau Maier nickte zweifelnd.

Q

Frau Ohnsorg betrat leise das Schlafzimmer ihres Onkels und setzte sich wieder zu ihm auf die Bettkante. Er schaute teilnahmslos an die Zimmerdecke, als ob er sie nicht bemerkt hätte. Das Frühstück war unberührt.

„Onkel Alexander, so geht das nicht weiter. Wir haben uns doch immer gut verstanden. Wenn dich also etwas bedrückt, dann kannst du es mir doch erzählen".

Keine Reaktion. Imhofs Blick war weiter in Richtung Decke gerichtet, als ob es nichts Interessanteres in seinem Leben mehr geben konnte.

„Gut, lieber Onkel, wenn du mit deinem Leben abgeschlossen hast und deshalb nicht mehr handlungsfähig bist, muss ich mich wohl um deinen Haushalt kümmern. Als erstes werde ich die Schuhschränke aus dem Obergeschoß entfernen lassen und die Schuhe entsorgen. Ich ziehe bei dir ein und brauche deshalb etwas Platz".

Bei diesen Worten kam Leben in ihren Onkel. Er setzte sich im Bett auf und richtete wie in Zeitlupe seinen rechten Arm mit ausgestrecktem Zeigefinger auf sie, während er mit bebender Stimme sagte, „das wirst du nicht tun"!

„Meinst du ich soll nicht zu dir ziehen"?

„Die Schuhe", sagte der alte Herr mit zitternder Stimme. Dann fing er zu weinen an.

Gerlinde rutschte so nahe an ihren Onkel heran, dass sie ihn in die Arme nehmen konnte, während sie tröstend sagte, „nun erzähle mir doch bitte was dich bedrückt".

Nach längerem Schweigen fing Herr Imhof zu reden an.

Q

Er war damals achtzehn Jahre alt und hatte gerade eine Ausbildung bei der Bahn begonnen. Die sogenannte höhere Beamtenlaufbahn. Wenn alles gut ginge wäre er in drei Jahren Inspektor. Einer weiteren Karriere stünde dann nichts mehr im Wege.

In dieser Zeit kam er eines Tages auf seinem Heimweg, nach dem Dienst, zum ersten Mal am Schuhhaus Baumann in der Bahnhofstrasse vorbei. Er blieb stehen und schaute sich die wunderbaren Schuhe die im Schaufenster standen an. Irgendwie faszinierten sie ihn. Sie waren alle sehr elegant, aber für seine finanziellen Verhältnisse viel zu teuer.

Fast täglich verharrte er nun vor der Auslage und fasste irgendwann den Entschluss, ein paar dieser Schuhe zu erstehen, wenn er seine Ernennung als Inspektor hätte.

Mit knapp einundzwanzig Jahren war es dann so weit. An einem schönen Herbstabend, betrat er leicht aufgeregt sein Traumgeschäft. In der Mitte eines großen Raumes standen Rücken an Rücken zwei Stuhlreihen auf dicken Teppichen, welche den Schritt dämpften und so sicher die zu probierenden Schuhe noch bequemer erscheinen ließen, als sie sowieso schon waren. Vor diesen standen kleine, nach vorne abgeschrägte Hocker, auf denen das Verkaufspersonal platz nahm um bei der Anprobe zu helfen. Zwei Damen bedienten gerade die anwesende Kundschaft. Die ältere der beiden, wie sich später herausstellte Frau Irene Baumann, stand kurz von ihrem Hocker auf und begrüßte den Neuankömmling.
„Darf sie denn meine Tochter bedienen, sie ist zwar noch in Ausbildung, aber schon bestens vertraut mit allem was mit Schuhen zu tun hat"?
Herr Imhof war einverstanden.
„Marianne", rief die Dame in Richtung einer offen stehenden Tür, die wahrscheinlich zu einer Art Lager führte.

Und da stand sie dann vor ihm. Marianne. Langes blondes Haar, blaue Augen, ein hübsches Gesicht und eine Figur wie eine Puppe.
„Kann ich ihnen helfen?", fragte sie mit samtweicher Stimme den neuen Kunden.
„Ein paar Schuhe bitte", fiel es dem frischgebackenen Inspektor gerade noch ein.
„Haben sie einen bestimmten Wunsch?", säuselte es ihm entgegen.
Imhof sah dass sich ihre Lippen bewegten, doch die Worte kamen bei ihm nicht so richtig an. Er war wie paralysiert. Man verlangte anscheinend irgendeine Reaktion von ihm, deshalb schüttelte er seinen Kopf.
„Gut, dann werde ich ihnen ein paar Modelle die gerade aktuell sind zeigen. Lassen sie mich raten, sie haben Schuhgröße 44".
Diesmal nickte Herr Imhof.
Es folgte das Probieren etlicher Modelle. Steh- und Gehversuche.
Die fühlende Hand Mariannes an den Stellen, wo der Schuh drücken, zu weit, oder auch zu eng sein konnte. Begleitet von der Stimme der Verkäuferin, die dem Kunden wie ein Wiegenlied vorkam.

Der junge Inspektor verlor jedes Gefühl für Zeit und Raum. Die
Augen, die Stimme, die Hände, die unentwegt in Bewegung waren
und dabei ab und zu, den etwas nach oben gerutschten Rock wieder
über die Knie zogen. Dass er hier saß um Schuhe zu kaufen war für
ihn absolut nebensächlich geworden.
Irgendwann wurde er von Fräulein Marianne und ihrer Mutter
freundlichst verabschiedet, mit einem Schuhkarton unter dem Arm.
Als er den Laden verließ und auf die Strasse trat, hätte er nicht sagen
können, dass er gerade Schuhe, und schon gar nicht welche er
erstanden hatte.
Wie benommen erreichte Imhof seine kleine Wohnung, die nicht
weit entfernt lag. Was war ihm da widerfahren? Eine gewisse
Ahnung stieg in ihm auf. Plötzlich musste er lächeln. Er öffnete den
Schuhkarton. In ihm befand sich ein Paar wunderschöner
Halbschuhe, die er verträumt, wie einen kleinen Schatz, in seinen
Händen hielt. Er wollte sie gar nicht mehr loslassen.

Q

An den folgenden Tagen führte ihn sein Weg nach dem Dienst
regelmäßig am Schaufenster des Schuhhauses vorbei. Sein Interesse
an den schönen Schuhen in der Auslage war zweifellos gegeben.
Dazu gesellte sich allerdings mehr und mehr sein Verlangen, ab und
zu im Laden Fräulein Marianne zu entdecken. Er tat dies mit dem
nötigen Respekt und hielt sich deshalb nie zu lange vor dem
Geschäft auf, während sein Blick eher zufällig in das Ladeninnere
schweifte. Manchmal glaubte er einen scheuen Blick von ihr zu
erhaschen, was ihn dann jedes Mal erröten ließ und veranlasste rasch
seinen Heimweg fortzusetzen. Schließlich war er gut erzogen und in
keiner Weise aufdringlich.

Als Herr Imhof sein nächstes Monatsgehalt erhielt, lenkten ihn seine
Schritte wie automatisch in das Schuhgeschäft. Diesmal bediente ihn
die Chefin des Hauses selbst.
„Hat sie meine Tochter beim letzten Mal auch gut bedient?“,
erkundigte sich Frau Baumann. Ohne eine Antwort abzuwarten fuhr
sie fort,

„Marianne ist dienstags immer in der Berufsschule. Wenn sie hier wäre, hätte sie sicher nachgefragt, ob sie mit ihrem Kauf zufrieden waren".

„Sie können ihr bestellen, dass mir die Schuhe ausgezeichnet gefallen und angenehm zu tragen sind", erwiderte der Inspektor fast schon mutig.

„Das freut mich zu hören"!

Der Schuhkauf verlief an diesem Tag deutlich kontrollierter für den jungen Beamten. Schließlich wurde er zu seiner getroffenen Wahl auch noch ausdrücklich von der erfahrenen Schuhverkäuferin gelobt. Das machte ihn richtig stolz. Noch wichtiger aber war für ihn, dass er sich in dieser Umgebung nicht mehr so fremd fühlte. Ein weiterer Besuch des Ladens, allerdings nicht an einem Dienstag, war beschlossene Sache.

Q

Tage, Wochen, Monate und schließlich Jahre vergingen.

Entsprechend seiner Gehaltssteigerungen, verkürzten sich auch die Abstände seiner Schuhkäufe und damit die Besuche bei Fräulein Marianne.

Kurz vor seiner Pensionierung, er hatte es inzwischen zum Amtsrat gebracht, kaufte er fast wöchentlich Schuhe. Im Unterbewusstsein glaubte Herr Imhof wahrscheinlich Stück für Stück den Laden und somit auch Marianne zu kaufen.

Bis auf ein paar scheinbar belanglose Worte, Blicke und Gesten, waren sich Marianne und Alexander über all die Jahre nicht nähergekommen. Trotzdem war sich Herr Imhof sicher, dass Marianne nur auf ihn warten würde. Er spürte das förmlich. Aber er traute sich nie sie darauf anzusprechen. Hätte doch eine Ablehnung ihrerseits bestimmt dazu geführt, dass von einem Moment auf den anderen, sein Lebensrhythmus durcheinandergekommen wäre. Niemals wollte er die wöchentlichen Treffen mit der Schuhverkäuferin missen. Oft lag er nachts im Bett und überlegte, ob er dieses Risiko nicht doch eingehen sollte. Aber wenn der Tag anbrach verließ ihn wieder jeder Mut.

Schon vor langer Zeit war er dazu übergegangen, an Marianne wunderschöne Briefe zu schreiben. Aus dem bekannten Grund hatte er es aber nicht fertig gebracht einen einzigen abzuschicken.

Seine Eltern hatten ihm das Haus vererbt, in welchem er nun alleine lebte. Aus dem wurde dann nach und nach das reinste Schuhmuseum. Hier war er nie alleine. Jedes einzelne Paar dieser meist ungetragenen Schuhe, erinnerte ihn an einen Besuch und an ein Gespräch, mit seiner Schuhverkäuferin. Besonders nah war er dieser immer dann, wenn er einen Schuh aus dem Schrank nahm und ihn anprobierte. In diesen Momenten fühlte er sich fast so, als ob er im Schuhgeschäft bei ihr wäre. Ein unbeschreibliches Gefühl der Glückseligkeit bemächtigte sich dann immer seiner.

Q

Seit fast fünf Jahren war Herr Imhof nun pensioniert. Sein Alter und vor allem das von Marianne, bereitete ihm von Tag zu Tag mehr Sorgen. Ihm war irgendwann zu Bewusstsein gekommen, dass Frau Baumann junior nicht unendlich im Schuhgeschäft Kunden bedienen, sondern auch irgendwann in Rente gehen würde. Und dann? Nicht auszudenken! Sollte er vielleicht doch seinen ganzen Mut zusammennehmen und sie ansprechen? Was hätte er zu verlieren? Wenn sie nicht mehr im Laden stünde, würde er Marianne nicht mehr treffen. Ein abgewiesener Antrag ihrerseits hätte kaum andere Konsequenzen. Oder doch? Der Amtsrat a.D. befand sich in einem fürchterlichen Dilemma. Getrieben von seiner Angst, eines Tages seine Marianne nicht mehr Schuhe verkaufen zu sehen, veranlasste ihn immer häufiger den Schuhladen aufzusuchen. Schließlich tat er dies täglich. Er verweilte jeweils so lange vor dem Schaufenster, bis er endlich Marianne sah. Tief durchatmend und für den Augenblick beruhigt, machte er sich dann auf den Heimweg. Je weiter er sich vom Schuhhaus entfernte, umso mehr quälte ihn die Frage, ob er morgen wieder einen Blick auf seine Angebetete erhaschen würde. Dieser bedrückende Zustand verschlimmerte sich zusehends. Er stand jeden Morgen um sechs Uhr, viel zu früh auf, nur um nicht zu spät zu kommen. Schließlich war er meistens schon zur Geschäftsöffnung vor dem Schaufenster anzutreffen. Ein Glück, dass es einen Personaleingang im Haus gab, sonst wäre ihm sein Verhalten womöglich peinlich gewesen, dachte sich Imhof manchmal. Trotzdem, was sein musste, das musste sein.

Q

Es kam der Tag, an dem der Beamte a.D. vor dem Schuhhaus eintraf und feststellte, dass dieses noch nicht geöffnet hatte. Zwei ältere Damen standen vor der Eingangstür und unterhielten sich aufgeregt. Herr Imhof sah auf die Uhr. Schon seit zwanzig Minuten hätte der Laden offen sein müssen. Er schüttelte beunruhigt den Kopf und trat zu den Damen.
„Können sie mir vielleicht sagen weshalb noch geschlossen ist"?
„Aber ja, sehen sie doch das Schild hier an der Tür!", antwortete eine der Damen.
Sie rückte zur Seite, damit er selbst lesen konnte.
Wegen Trauerfall diese Woche geschlossen, stand da. Imhof wurde leicht schwindlig. War schon der Tag gekommen, vor dem er solche Angst hatte? Als er sich wieder gefasst hatte fragte er mit zitternder Stimme.
„Wissen die Damen denn wer verstorben ist"?
„Natürlich, die Frau Baumann", sagte die eine der Damen.
Wieder dieser Schwindel. Aber Imhof zwang sich auch zur nächsten Frage, obwohl er eigentlich gar keine Antwort haben wollte.
„Wissen sie auch welche Frau Baumann"?
Die Damen sahen sich an. Dann nickten sie fast gleichzeitig.
„Die Marianne".
Sein Schwindelgefühl wurde stärker. Die Schuhe in der Auslage verschwammen vor seinen Augen. Mit letzter Kraft hielt er sich auf den Beinen.
„Ist ihnen nicht gut?", hörte er noch eine der Frauen sagen, als er sich abwendete und schleppenden Schrittes diesen für ihn so fürchterlichen Ort verließ.
Irgendwie hatte er es bis nach Hause geschafft und sich dort ins Bett verkrochen. Für ihn stand in diesem Moment unumstößlich fest, dass das Leben nun zu Ende wäre.

Q

Gerlinde wischte sich mit ihrem Hemdsärmel einige Tränen aus den Augenwinkeln. Dann drückte sie den völlig Verzweifelten noch fester an sich.

„Ach mein lieber Onkel, das ist ja wirklich schlimm"!

Gemeinsam heulten sie nun eine Zeit lang. Bis sich die Nichte schließlich wieder fing.

„Meinst du, Marianne wäre es recht gewesen, dich hier so im Bett zu sehen"?

„Das spielt doch alles keine Rolle mehr".

Doch Gerlinde ließ nicht locker.

„Solltest du nicht zumindest an der Beerdigung teilnehmen und so deiner großen Liebe die letzte Ehre erweisen"?

Herr Imhof war nur noch ein Häufchen Elend. Ein Weinkrampf nach dem anderen schüttelte ihn. Gerlinde erhob sich vom Bett.

„Ich glaube, dass es gut ist, wenn du dich endlich richtig ausweinst".

Mit diesen Worten verließ sie das Schlafzimmer, nicht ohne vorher noch einmal ihren armen Onkel gestreichelt zu haben.

Q

Die Nichte war sich ziemlich sicher, dass ihr Onkel nur wieder richtig auf die Beine käme, wenn er sich der bitteren Wirklichkeit stellen würde. Da sie eine Frau der Tat war, fasste sie einen spontanen Entschluss. Sie bat die Haushälterin, ab und zu nach Herrn Imhof zu schauen, bis sie von ihrem Gang zurück wäre. Mit den Worten, „bin bald wieder zurück", hatte sie das Haus verlassen.

Ihre eiligen Schritte führten sie auf dem schnellsten Weg zum Schuhhaus Baumann in der Bahnhofsstrasse. Schon von Weitem sah sie, dass dieses wieder geöffnet hatte. Ohne zu zögern betrat sie den Verkaufsraum. Eine sympathische, schwarz gekleidete, ältere Verkäuferin begrüßte sie mit den Worten,

„kann ich Ihnen behilflich sein"?

Gerlinde nickte.

„In ihrem Hause gab es einen Trauerfall, können sie mir sagen, wann und wo die Beerdigung stattfindet"?

„Kannten sie meine Mutter"?

„Nein", die Besucherin schien für einen Moment die Fassung zu verlieren.

„Sind sie Marianne"?

„Woher kennen sie mich"?

Gerlinde nahm die überraschte Frau Baumann spontan in die Arme und drückte sie fest an sich. Dann sagte sie Marianne leise ins Ohr.

„Ich glaube da gibt es jemand der ihnen sehr viel zu erzählen hat".

Q

Schuhgröße 44, ging es dem Lektor durch den Kopf, während er unter den Tisch auf die Schuhe schaute, die er selbst trug. Sie sahen nicht sehr gepflegt und etwas abgetragen aus. Da hat so ein Typ über 1000 Paar Schuhe nutzlos in seinem Haus herumstehen, noch dazu in seiner Größe, während er mit diesen alten Tretern durch die Welt ging. Trotzdem, mit dem wollte er nicht tauschen. Sein halbes Leben in irgendeinem Schuhgeschäft herumhängen. Nein, dazu ließ ihm seine anspruchsvolle Arbeit keine Zeit. Diese Art von Lebensführung konnte sich wirklich nur jemand im öffentlichen Dienst leisten. So gesehen war dieses Buch endlich mal eine sozialkritische und nach Auffassung des Lektors vollkommen zutreffende Betrachtung des Lebens eines typischen Beamten. Aber sollte man diese Geschichte einem Buchkäufer zumuten? Was lernte dieser daraus? Wie man sein Leben mit nutzlosen Dingen verplemperte und gleichzeitig noch Karriere machte? Das wiederum war dann eher Stoff für ein Sachbuch. Doch als solches, wollte es der Autor gewiss nicht verstanden haben. Vielleicht war dieser selbst ein Schuhfetischist? Das wäre zumindest eine Erklärung. Sich mit seinem eigenen Ich und nagelneuen Schuhen an einer Schreibmaschine sitzend hinter einem braven Staatsdiener verstecken, ganz schön clever.

Sternheim tat sich schwer mit einer abschließenden Meinung. Dass diese Leseproben auch immer im falschen Moment zu Ende waren. Würde Imhof sich auf Anraten seiner Nichte nun offenbaren? Wollte Fräulein Baumann überhaupt etwas von diesem derart verklemmten Schuhkäufer wissen? Machten Imhof und Baumann vielleicht gemeinsame Sache und betrieben zusammen das Schuhgeschäft weiter? Dies wäre vielleicht schon aus therapeutischer Sicht die beste Lösung für Gerlindes Onkel. Falls die zwei wirklich zusammenfänden, bestünde natürlich nach Mariannes Verrentung auch die Möglichkeit, aus Imhofs Haus ein Schuhmuseum zu machen, welches beiden weiterhin Zugang zu ihren geliebten Schuhen verschaffte.

Der letzte Gedanke war für den Lektor der entscheidende. Er legte mit sicherer Hand die vor ihm liegenden Blätter in das Absagefach. Es war wirklich keinem Leser zuzumuten, im weiteren Verlauf des Romans stundenlang mit einem Schuhmuseum, das von einem älteren Ehepaar geführt wurde, gelangweilt zu werden.

Zwei eingereichte Texte wollte Sternheim noch in Augenschein nehmen, dann konnte das Wochenende beginnen. Obwohl ihn schon der Titel des ersten störte, wollte er diesem eine Chance geben. Man wusste nie!

„Zufall"

Vor zehn Minuten hatte Immobilienmakler Felix Fessel deprimiert seine Hausbank in der Frankfurter Innenstadt verlassen. Er wankte wie ein Betrunkener in seinem dunklen Anzug durch die schwüle Luft des Sommertages. Die einzige Frage, die ihn in diesem Moment beschäftigte war, ob er sich von der nächsten Mainbrücke stürzen, oder zu Hause aufhängen sollte. Was blieb ihm sonst auch übrig?

Bis zum Monatsende musste er fünf Millionen Euro auftreiben. Eine spannende Aufgabe, wenn man gerade noch über 100.000 verfügen konnte. Seine Bankberater hatten ihn zu immer größeren Spekulationsgeschäften auf Pump genötigt. Aber die erhoffte Trendwende am Markt setzte nicht ein. Die Kurse seiner Papiere beschleunigten sogar ihre Talfahrt. Jetzt zogen die, die ihn da hineingeritten hatten, die Notbremse. Irgendwann, so schwor er sich in diesem Moment, würde er sich diese sauberen Finanzexperten einmal vorknöpfen. Die finstersten Gedanken schwirrten durch seinen Kopf.

Q

In dieser Stimmung hörte er plötzlich eine panische Stimme über
sich schreien, „fangen sie die Tasche auf, ich melde mich bei ihnen."
Bevor er antworten konnte, segelte ihm eine Aktentasche aus einem
Fenster im sechsten Stockwerk des Bürogebäudes, vor dem er sich
gerade befand, entgegen. Die kleine lederne Tasche fiel direkt in
seine Arme.
„Nun hauen sie schon ab!", hörte er noch rufen. Dann herrschte
Stille.
Der große, blonde einsneunzig Mann Fessel, schaute sich gehetzt in
alle Richtungen um. Wo war er da wieder hineingeraten? Hatte er
einen Sonnenstich, oder war er nicht mehr Herr seiner Sinne?
Allmählich reichte es ihm wirklich. Aber für Selbstmitleid blieb ihm
keine Zeit. Im Haus, aus dem die Tasche geflogen war, wurde
geschossen. In der Ferne waren Sirenen zu hören.
Mit der Tasche unter dem Arm rannte der große, kräftige Mann so
schnell er konnte drei Blöcke weiter und betrat schließlich nach Luft
ringend ein Kaufhaus. Eigentlich wollte er nach dem Bankbesuch
noch einige Einkäufe tätigen, aber dazu war ihm die Lust vergangen.
Stattdessen fuhr er schwer atmend mit der Rolltreppe in die
Tiefgarage des Einkaufstempels.

Als er endlich in seinem schwarzen Cayenne saß, steckte er mit
schwitzender Hand den Autoschlüssel ins Zündschloss und startete
den Wagen. Fessel wischte sich kurz mit dem Jackenärmel den
Schweiß aus dem Gesicht, dann gab er kräftig Gas. Die Reifen
quietschten. Der rechte, hintere Kotflügel streifte einen Betonpfeiler.
„Langsam, langsam", sagte er vor sich hin, „ganz ruhig".
Es gelang ihm, einigermaßen normal das Parkhaus zu verlassen und
sich in den Verkehr auf der belebten Hauptstraße einzufädeln.
Nach einer halben Stunde Fahrzeit hatte er die Innenstadt hinter sich
gelassen. In einer ruhigen Nebenstrasse drosselte Fessel das Tempo
seines Wagens und rollte schließlich in eine schattige Parkbucht. Ihm
war niemand gefolgt, sagte er sich, nachdem er einige Zeit seine
Umgebung beobachtet hatte. Allmählich kam er wieder zu Sinnen.
Sein Blick fiel auf die schmale Aktentasche auf dem Beifahrersitz.
Als ob er nicht schon genug Schwierigkeiten hätte. Ich werde mich
bei ihnen melden, waren die Worte, die ihm zugerufen wurden, als

die Tasche auf ihn zuflog. Dann diese Schüsse! Würde sich überhaupt noch jemand bei ihm melden? Vielleicht konnte er sich mit dem Eigentümer in Verbindung setzen. Zögernd griff er nach dem ledernen Behältnis und öffnete es. Auf den ersten Blick befand sich nichts Wertvolles darin. Zwei CDs, ein Notizbuch und ein Handy. Diese Sachen mussten es jedenfalls in sich haben, sonst wären sie nicht auf diese Art und Weise in seinen Besitz gelangt. Während Fessel sich noch mal vorsichtig umsah, verließ er seinen Parkplatz und fuhr nach Hause.

Q

Es war gegen Mittag, als ihn seine Frau Irma mit den Worten, „du bist aber heute früh dran. Ist irgendwas?", begrüßte.
Der Makler gab ihr einen Kuss auf die Wange, „nein, nein, ich fühle mich nur nicht besonders, deshalb".
„Soll ich dir einen Tee oder etwas anderes machen"?
„Danke, ich gehe rauf in mein Arbeitszimmer und lege mich auf die Couch. Keine Sorge, wird schon wieder."
„Gut, aber vielleicht etwas zu Essen"? Felix Fessel schüttelte ungeduldig den Kopf. Er erinnerte sich gerade wieder an die Aktentasche, die er unter dem Arm trug. Prompt fing er stark zu schwitzen an. Irma nahm dies sofort wahr.
„Dir geht es wirklich nicht gut. Sag mal hast du eine neue Aktentasche".
Typisch Frau, dachte sich Fessel, Taschen wurden sofort registriert. „Die gehört einem Kunden, dessen Unterlagen sind darin".
„Ach, so".
In seinem Büro, im ersten Stock des Hauses, schaltete er sofort seinen Computer ein. Nachdem dieser hochgefahren war, schob er mit klopfendem Herzen die erste CD hinein. Dabei hoffte er auf so etwas wie einen Lottogewinn. Weshalb hätte ihm sonst das Schicksal, gerade in seiner prekären Situation, diese Aktentasche zukommen lassen. Gespannt sah er auf den Bildschirm. Doch die Enttäuschung war groß. Passwortgeschützt. Die zweite CD verschwand im Eingabeschlitz. Das Ergebnis war das gleiche. Mit zitternden Händen öffnete er das Notizbuch. Massenhaft Zahlenkolonnen, auf die sich der Makler keinen Reim machen

konnte. Außerdem einige Namen, die ihm nichts sagen. So oft er das Büchlein auch durchblätterte, es gab für ihn nichts her. Seine Enttäuschung war groß. Der Bankbesuch vom Vormittag fiel ihm wieder ein. Ein plötzliches Unwohlsein überkam ihn. Fessel ging mit hängenden Schultern zur Couch und legte sich erschöpft nieder. Er schloss die Augen. Seine Frau wusste von nichts. Wie sollte es nun weitergehen? Nach dem bisschen Hoffnung, welche die Aktentasche in ihm geweckt hatte, war seine Verzweiflung nun umso größer. Drei Wochen blieben ihm noch, dann gehörten sein Haus und die drei Eigentumswohnungen die er besaß, seiner Bank. Danach saß er immer noch auf einem Haufen Schulden. Das klassische Game over. Irgendetwas piepste im Zimmer. Ein Ton, den er bisher nicht kannte. Das Geräusch kam vom Tisch, auf dem die Aktentasche lag. Das Handy? Dieses hatte Fessel vorhin gar nicht richtig untersucht. Er entnahm es der Tasche und stellte fest, dass es eingeschaltet war. Eine Mail war angekommen. Daher das Piepsen. Der Inhalt ohne jede Anrede war knapp. 12/11/20h/Pushers. Außer dieser Mail konnte er auf dem Handy nichts finden. Keine Adressliste, keine anderen Mails. Nichts! Der Besitzer musste jede Aktion, ob ein- oder ausgehend immer sofort gelöscht haben. Sicher hatte er gute Gründe dafür. Heute war der 12. 11., 20h stand sicher für 20 Uhr. Das Pushers konnte nur diese Bar in der Frankfurter Innenstadt sein. Zweifellos sollte der Handyeigentümer dort heute zur vorgegebenen Zeit erscheinen. Sollte er diesen vertreten? Oder wartete dieser gar selbst auf ihn und hoffte seine Sachen zurückzubekommen? Ergab sich für ihn doch noch eine kleine Chance in irgendeine Sache einzusteigen die ihn rettete? Er war zu jedem Risiko bereit. Es gab nichts mehr zu verlieren.

Q

Punkt 19.00 Uhr verließ der Makler sein Haus. Es begann zu dämmern und wurde langsam etwas kühler. Nur nicht zu spät kommen. Die Tasche ließ er zu Hause, denn er wollte mit dieser nicht unbedingt gleich auffallen. Man konnte nicht wissen was auf einen zukam. Notizbuch, CDs und das Handy steckte Fessel in seine Jackeninnentasche. Diese Dinge mussten für irgendjemand von großem Wert sein. Das konnte man aufgrund der Vorgeschichte erahnen. Dazu brauchte man kein Hellseher sein.

Das Pushers bestand zu neunzig Prozent aus einer riesigen Theke. Alles in dieser Bar war auf Hochglanz poliert. Ein geschniegelter Barista brachte Fessel auch gleich den gewünschten Gin Tonic. Außer ihm befanden sich eine stark geschminkte Frau, die mit einem Mann am Ende der Theke turtelte, und ein weiterer Gast mit dunklem Anzug, im Raum. Es war zehn vor Acht. Auch um zwanzig Uhr hielten sich mit ihm, nur die anderen drei Personen in der Bar auf. Das Pärchen schied wahrscheinlich aus. Es kam eigentlich nur der Typ, der ungefähr fünf Meter neben ihm saß und ihn nicht zu beachten schien, in Frage. Wenn er auf jemanden wartete, dann nicht auf ihn. Woher sollte er Fessel auch kennen? Der Makler überlegte. Dann legte er relativ auffällig sein Handy neben sich und schob es langsam etwas in Richtung seines Nachbarn. Dieser schielte nun tatsächlich zu ihm herüber. Nach einem Blick auf seine Armbanduhr setzte er sich mit seinem Drink neben Fessel.
„Haben sie eine Nachricht bekommen?", fragte der Unbekannte, ohne ihn dabei anzusehen.
„11.12. 20Uhr, Pushers".
„Man hat sie mir anders beschrieben", stellte sein Nachbar misstrauisch fest, während er sich nervös nach allen Richtungen umschaute.
Aber die Lage in der Bar war anscheinend nach wie vor stabil.
„Mein Partner ist verhindert".
„Von einem Partner wurde mir nichts gesagt".
„Wenn sie mir nicht trauen, dann gehe ich wieder", Fessel sah sich gespielt nach dem Barista um.
„Gut, geben sie mir die Ware".
Der schwarz gekleidete, untersetzte Mann neben ihm malte, während er dies sagte, wie zufällig mit seinem Zeigefinger zwei Kreise auf die Theke. Klar, die CDs waren gemeint. Aber was bekam er dafür? Zug um Zug, ging es ihm durch den Kopf. Er war anscheinend dran zu liefern. Hatte man ihm denn nicht zugerufen, dass man sich bei ihm melden würde?
Mit einem Griff in seine Jackeninnentasche zog er die zwei Datenträger heraus und legte diese unter der Theke in die darauf wartende Hand seines Nachbarn. Der nickte zufrieden.

„Ich soll ihnen noch sagen, dass das Geschäft weiter läuft wie bisher."
Er legte einen Zwanziger neben sein Glas.
„Sie sind natürlich eingeladen", fuhr er fort, „ach noch was. Immer schön die Daten löschen. Verstehen wir uns"?
Fessel verstand nur Bahnhof, aber er nickte. Aus seiner Deckung wollte und konnte er nicht heraus. Außerdem war es für Nachfragen schon zu spät. Sein neuer Geschäftspartner hatte bereits die Bar verlassen.

Q

Zurück in seinem Haus rief er seiner Frau zu, während er sich in sein Arbeitszimmer zurückzog, dass er noch arbeiten müsse. Fessel streckte sich auf seiner Couch aus und ließ seinen Bar Besuch noch einmal Revue passieren. War denn bei der Geschichte wirklich irgendetwas für ihn zu holen? Er würde Daten bekommen, die er nach Erhalt löschen sollte. Die mussten doch einen Wert haben! Das Handy fiel ihm wieder ein. Deshalb kein einziger Eintrag auf diesem! Wann würde die erste Nachricht kommen? Was konnte er damit anfangen? Hatte er überhaupt noch eine Chance in seiner Situation? Verplemperte er nur seine Zeit und spielte dabei noch Bote? Wenn schon. In Konsequenz war das auch egal.

Bei einer Flasche Wein beschloss er den Abend mit Irma vor dem Fernseher. Er bekam zwar nicht mit, was sich auf dem Bildschirm abspielte, doch er entspannte sich etwas, bevor er zu Bett ging.

Q

Nach einer unruhigen Nacht, stand er während seine Frau noch schlief auf und ging hinauf in sein Büro. Es kam ihm vor, als ob die Aktentasche auf dem Schreibtisch schon auf ihn wartete und ihn förmlich bat, sie zu öffnen. Eine genauere Durchsuchung dieser brachte ihn auch diesmal nicht weiter als am Vortag. Auf dem Handy gab es keine neue Nachricht. Deshalb widmete er sich noch einmal intensiv dem Notizbuch. Nach einiger Zeit wurde ihm endgültig klar, dass er mit den Zahlenkolonnen und Notizen nichts anfangen konnte. Fessel gab trotzdem noch einige Zahlenreihen in eine Suchmaschine des PCs ein, hatte aber kein Glück.

Doch jetzt piepste das Handy aus der Ledertasche. Die neue Mitteilung zeigte ihm auch nur Zahlen und Buchstaben. B100T15hXC0009655157. Was konnten der erste Buchstabe und die folgenden Zahlen bedeuten? 15h? Gestern hatte er eine mail bekommen, in der 20h vorkam. Gemeint war 20.00 Uhr. Die Kombination dahinter kam ihm bekannt vor. Hatte er in letzter Zeit doch häufig, ja zu häufig an der Börse spekuliert. Sein Computer bestätigte seine Vermutung. Bingo, es war eine ISIN, oder auch Wertpapier-Kennnummer. In diesem Fall handelte sich um einen Goldoptionsschein, einen Call, der auf steigende Kurse setzte. Der Hinweis auf 15.00 Uhr konnte nur bedeuten, dass er da kaufen sollte. Wenn diese Vermutung stimmte, dann müsste das B am Anfang für buy, oder deutsch kaufen stehen. 100T, folglich für 100.000 Stück. Fessel hatte plötzlich Schweißperlen auf der Stirn und feuchte Hände. Bekam er vielleicht für die gelieferten CDs Insidertipps? Wenn dem so war, dann müssten dahinter Leute stehen die den Markt beeinflussen konnten, wie sie wollten. Wie sonst war es möglich eine Kaufempfehlung, noch dazu auf die Minute genau, abzugeben? Da waren ein paar ganz schlimme Finger am Werk, soviel stand für den Makler fest. Hatte er sich endgültig in eine Sackgasse manövriert aus der er nie mehr herauskam? Dass die Ledertasche ihm förmlich zugefallen war, konnte man das als Zufall bezeichnen? Oder war dies eine günstige Fügung seines Schicksals? „Scheißegal", sagte er plötzlich vor sich hin, „was habe ich noch zu verlieren"!
Fessel schaute auf die PC-Uhr. Es war gerade kurz nach 08.00. Die Börsen und Banken in Deutschland hatten noch geschlossen. Anweisungsgemäß notierte er die Daten der Mail auf einem Zettel und löschte diese danach.
Er verließ sein Büro, ging in die Küche und bereitete das Frühstück zu, während seine Frau gerade unter der Dusche stand.

„Ich werde heute zu Hause arbeiten. Bin dann oben". Mit diesen Worten verließ er den Frühstückstisch.

Gespannt starrte er auf den Bildschirm seines PCs. Die für ihn relevanten Börsen hatten vor einer halben Stunde mit Kursnotierungen begonnen. Sein Optionsschein hatte mit 2,45 Euro eröffnet. Innerhalb der ersten halben Börsenstunde war der Kurs schon unter 2 Euro gefallen. Fasziniert verfolgte er das weitere Geschehen. Der Kurs des Papiers fiel und fiel. Gegen Mittag wurde der Schein nur noch mit 1,50 Euro notiert, hatte also schon 40 Prozent seines Wertes eingebüsst. Und da sollte er heute Nachmittag einsteigen? Fessel forschte im Internet nach. Am Vormittag hatte es Meldungen gegeben, dass die Russen den Großteil ihrer Goldreserven auf den Markt werfen wollten. Zu diesem Thema gab es dann etliche Kommentare, wie sich dies auf den Goldpreis auswirken könnte. Daher wehte also der Wind. Deshalb fiel sein Schein so rasant. Wollte man ihn schon wieder hereinlegen? War das eine ganz neue Masche?

Irma rief ihn zum Mittagessen. Doch er spielte weiter den Kranken und verzichtete auf die Mahlzeit. Er war einfach zu angespannt. Um 13.00 Uhr hatte der Optionsschein lediglich noch einen Wert von 0,95 Euro. Wenn er zu diesem Kurs die vorgeschlagene Stückzahl kaufen würde, wäre er mit einem Schlag fast blank. Ihm blieben nur noch 5000 Euro. Durfte er den letzten Notgroschen auch noch riskieren? Was sollte er tun? Die Zeit flog nur so dahin. 14.30 Uhr, Kurs 0,65 Euro. 14.45 Uhr, Kurs 0,54 Euro. 14.55 Uhr, Kurs 0,49 Euro. 49.000 Euro schoss es Fessel durch den Kopf, während er zum Telefonhörer griff und seinen Broker anrief.

„Kaufen sie sofort 100.000 Stück XC0009655157".

„Gerne Herr Fessel, sie wissen aber schon was heute mit den Goldpapieren los ist"?

Fessel enthielt sich einer Antwort, sondern wiederholte einfach, „kaufen, aber sofort!", es war 14.59 Uhr.

„Wie sie wünschen".

Es war 15.00 Uhr, der Kurs lag bei 0,47 Euro. Das Telefon klingelte, Sein Bankberater rief zurück und bestätigte ihm den Kauf zu einem Kurs von 0,48 Euro. Fessel hatte also für 48.000 Euro eingekauft. Der Optionsschein wurde nun eine halbe Stunde lang um die 50 Cent notiert. Danach fing er an zu steigen. Gegen 17.00 Uhr, bekam er schon wieder über einen Euro pro Schein. Der Makler konnte kaum glauben was er da sah. Aber es passierte tatsächlich. Sollte er jetzt aussteigen und gute 50 Mille plus machen? Fessel zwang sich ruhig

zu bleiben. Wenn das System funktionierte, dann würde man ihm auch sagen, wann er wieder verkaufen sollte. Das Papier ging an diesem Abend mit 1,25 Euro aus dem Markt. Das war ein Tag!
„Schatz ich habe jetzt doch Hunger", meldete er sich bei seiner Frau zurück.
„Der Tag Ruhe hat dir gut getan. Du siehst schon wieder viel besser aus", stellte diese erfreut fest.

Q

Am nächsten Tag nahm sich Fessel noch einmal frei und zog sich wieder in sein Arbeitszimmer zurück. Sein Papier notierte zu Börsenbeginn bereits mit knapp zwei Euro. Am frühen Morgen waren die russischen Goldverkäufe dementiert und dies von einigen Wirtschaftsexperten bestätigt worden. Etwas später ging noch die Meldung über die Ticker, dass aufgrund der instabilen Währungssituation bei US-Dollar und Euro, verstärkt auf Sachwerte, wie zum Beispiel Gold gesetzt würde.
So läuft das also dachte sich der Makler, während er realisierte, dass sein Papier im Moment bereits mehr als drei Euro wert war. Sein Wunderhandy machte sich bemerkbar. SL4,2/100T/XC0009655157. Das konnte nur bedeuten, dass er seine Papiere zu 4,20 Euro abstoßen sollte. Fessel teilte seinem Banker das Limit mit. Gegen 11.30 Uhr war die angestrebte Marke erreicht. Er hatte 372.000 Euro verdient.

Seine Freude war groß. Sie wurde etwas getrübt, als er feststellte, dass der Akku des Handys fast leer war. Zum Glück fand er in seinem Schreibtisch ein passendes Ladegerät. Das war knapp, dachte er sich. Er musste in Zukunft aufpassen, dass das Handy immer genug Saft hatte. Schließlich konnte er es nicht abschalten, da er die PIN nicht kannte. Darüber grübelnd, ob er sonst noch irgendetwas vergessen hatte, ging er einen Stock tiefer und erkundigte sich nach dem Mittagessen.

Fessel hielt es nicht lange bei Tisch.
„Eine wichtige Terminarbeit", entschuldigte er sich bei seiner Frau, um gleich darauf wieder in sein Büro zu gehen.

Tatsächlich hatte er schon wieder eine Mail erhalten. Mit zitternder Hand öffnete er sie. Bloß nicht vertippen dachte er sich. Die Nachricht war genauso aufgebaut wie die vom Vortag. Diesmal hatte er allerdings nur noch 45 Minuten bis zum Erteilen seiner Order. Es handelte sich um den Optionsschein einer Automobilaktie. Als er endlich den Auftrag erteilt und die Nachricht im Handy gelöscht hatte, verfolgte er gespannt die Entwicklung. Es verlief alles wie gehabt. Schon eine Stunde später war er wieder deutlich auf der Gewinnerseite. Wenn das so weiterginge wäre er spätestens in zwei Wochen alle seine Sorgen los.

Während Fessel gebannt die Kursentwicklung seines Papiers verfolgte, fiel sein Blick immer wieder auf das Display des Handys, welches ihm unter anderem den Ladestand des Geräts anzeigte. Hatte er bisher wirklich alles bedacht? Zweifel nagten an ihm. War er nicht gerade dabei Geld einzustreichen, das zweifellos für einen Anderen bestimmt war? Wurde er vielleicht schon gesucht? Brachte er eventuell auch noch seine Frau in große Gefahr?

„Verdammt", entfuhr es dem Makler plötzlich, „dass ich daran nicht gedacht habe".

Er schlug sich mit der flachen Hand vor die Stirn.

Für jemand der solche Finanzmanipulationen betrieb, war es doch ein Leichtes, dieses Handy orten zu lassen. Vor allem, weil es immer eingeschaltet war. Er konnte nur hoffen, dass noch niemand hinter ihm her war.

Q

Irma wunderte sich, dass er ihr im Laufschritt zurief,

„muss ganz schnell zu einem Kunden", während er das Haus verließ.

Es hatte zu Regnen begonnen. Die leichte Abkühlung tat gut. Ziellos fuhr Fessel kreuz und quer durch Frankfurt. Nur nicht zu lange an einer Stelle aufhalten. Handy und Ladegerät lagen auf dem Beifahrersitz. Ein Signal des Mobiltelefons und die dazugehörige Mail veranlassten ihn, seinen Banker anzurufen und wieder einen enormen Gewinn einzustreichen. Seit zwei Stunden saß er nun schon im Auto und wechselte mit diesem ständig seinen Standort. Langsam machte ihn das dauernde Klacken der Scheibenwischer nervös. Er schielte auf das Handy, das sich gerade wieder bemerkbar machte. Im Grunde durfte er mit diesem Ding nie mehr bei sich zu Hause auftauchen. Ein Hotel? Das gleiche Problem, zu statisch. Bis er saniert war konnte er unmöglich in seinem Auto leben. Er musste dauernd in Bewegung bleiben, das stand fest.

Fessel durchfuhr gerade ein Industriegebiet. Linkerhand sah er auf einem großen Parkplatz eine Unzahl von Wohnmobilen stehen. Gleich darauf sprang ihn das dazugehörige Firmenschild förmlich an. Wohnmobile zu vermieten! Der Makler trat auf die Bremse und kurvte in den Hof. Vor dem Büro brachte er den Wagen zum Stehen. Der Mietvertrag für ein mittelgroßes Fahrzeug, welches mit allem ausgerüstet war was er brauchte, war schnell unterschrieben, die Wagenschlüssel übergeben. Er parkte den gemieteten Wagen vor dem Grundstück des Vermieters. Schnell noch die neue Kauforder an seinen Broker weitergegeben und die letzte Mail auf dem Handy gelöscht. Es war 16.45 Uhr. Heute würde er wohl keine neuen Tipps mehr erhalten.

Nachdem er wieder in seinen PKW eingestiegen war, überlegte er wie es nun weitergehen sollte. Sein erster Gedanke war, mit seiner Frau drei Wochen Urlaub zu machen. Aber was würde die dazu sagen, wenn er nie länger als zwei Stunden irgendwo stehenbliebe. Schließlich war auch das Wohnmobil per GPS zu lokalisieren. Das musste er leider alleine durchziehen. Blieb nur eine längere Geschäftsreise. Irma musste ihm das einfach glauben. Er hatte keine andere Wahl. Es ging um ihre gemeinsame Existenz.

Wieder zu Hause angekommen, erzählte er eine längere Geschichte über einen Kunden, der ganze Ländereien in Südfrankreich veräußern wollte. Bedingung war allerdings, dass der Vertrag bereits morgen in Nizza unterschrieben würde. Einen Flug hatte er so kurzfristig nicht mehr bekommen, deshalb musste er sich heute Abend noch ins Auto setzen. Irma glaubte ihm nicht nur, sondern bedauerte ihn schließlich auch noch. Während er etwas aß, packte ihm seine Frau einen Koffer für die Reise. Ein Abschiedskuss und draußen war er.

Q

Seinen Wagen parkte er neben dem Wohnmobil. Dann stieg er in
dieser dunklen regnerischen Nacht um. Er hing sein Handy an die
Steckdose und fuhr los. Den ersten Supermarkt, der ihm auf seinem
Weg ins Unbestimmte begegnete, nutzte er um sein neues Zuhause
mit allem was er im Moment benötigte zu bestücken.
Der Makler fuhr los.
Aber wohin fragte er sich. Wenn er immer in eine Richtung fahren
würde, könnte man seine Route in etwa voraussagen. Er musste
Zickzack und kreuz und quer fahren, also einen Streckenverlauf
wählen, der in etwa einem Schnittmuster glich. Die Standzeiten
durften ferner maximal eine Stunde betragen. Sicher eine Tortour.
Ob er das aushielt? Fessel grauste bei dieser Vorstellung.
Andererseits, wenn er die zwei Wochen durchhielt und dabei drei
Millionen machte, wäre das ein Stundenlohn von gut 10.000 Euro.
Eigentlich ein gutes Schmerzensgeld. Der Makler lächelte seit langer
Zeit wieder einmal vor sich hin.

Q

Nachdem er die erste Nacht mit Fahren, Schlafen, Essen, Fernsehen
und wieder Fahren verbracht hatte, meldete er sich telefonisch für
zwei Wochen in seinem Büro ab und sagte seiner Frau, dass es ihm
gut ginge.
Als die Börsen geöffnet hatten, geriet er regelrecht in Stress. Zum
Fahren, Ausruhen, Einkaufen, Tanken kamen nun noch diese
Geschäfte hinzu. Die Tatsache, dass er weiterhin auf der
Gewinnerseite war, gab ihm allerdings immer wieder die Kraft
weiterzumachen.

Nach zwölf Tagen waren seine Schulden bei der Bank getilgt und er
verfügte sogar noch über ein kleines Plus von einer halben Million.
Zur Feier des Tages leistete sich Fessel ein Glas Champagner, das er
an seine Irma denkend, trank. Seine Frau hatte ihm immer
hundertprozentig vertraut. So auch diesmal. Die Verhandlungen in
Frankreich verliefen zäh und es dauerte eben seine Zeit. Aber bald
würde er nach Hause kommen.
Obwohl er erschöpft war, fühlte er sich seit langer Zeit wieder
glücklich und zufrieden.

Seine Hochstimmung hielt jedoch nicht lange. Eine neue Mail traf ein. 25/11/20h/Alexanders. Das war wieder eine Bar in Frankfurt. Heute war also der Tag X, vor dem sich Fessel insgeheim die ganze Zeit gefürchtet hatte.

Es war 14.00 Uhr. Wenn er den Termin halten wollte, müsste er eine Strecke von zirka 300 Kilometer bewältigen. Das war zu schaffen. Aber was sollte er dort? Der, oder die, würden doch sicher eine neue Lieferung, was immer es auch sein mochte, erwarten. Die fütterten ihn doch nicht umsonst!

Auf seiner Fahrt hatte sich Fessel schon oft den Kopf zerbrochen, wie diese wohl enden würde. War das jetzt der Anfang vom Ende? Der Makler steuerte einen Parkplatz an. Nachdem er den Motor abgestellt hatte, schenkte er sich noch ein Glas Champagner ein. Er schloss seine Augen und überlegte.

Ginge er heute ins Alexander und würde nichts liefern, dann wäre er schnell enttarnt. Vielleicht würde man ihn sofort einkassieren und unauffällig verschwinden lassen. Diese Möglichkeit bestand grundsätzlich schon aufgrund seines Erscheinens, falls die Leute bereits wussten, dass er nicht der war, für den sie ihn gehalten hatten. Unter Umständen konfrontierte man ihn mit dem Eigentümer des Handys. Aber das käme sicher einem sofortigen Todesurteil gleich, da er diesen dann gesehen hätte und als Zeuge auftreten könnte. Mit Sicherheit würden sie ihn nicht im Besitz des erspekulierten kleinen Vermögens lassen. Wahrscheinlich konnten es sich die Leute, die in dieser Liga spielten, nicht leisten ihn am Leben zu lassen, das wurde Fessel in diesen Augenblicken immer klarer.

Niemand außer diesem Typ in der Bar, hatte ihn in diesem Zusammenhang gesehen. Die permanente, einzige Kommunikation mit diesen Leuten, fand über das Handy statt. Das Handy! Er musste es sofort loswerden. Wahrscheinlich würden sie erst mit ihrer Suche anfangen, wenn er heute Abend nicht im Alexanders auftauchte.

Versonnen schaute er noch einmal auf das Mobiltelefon, bevor er es abschaltete. Er fuhr dreißig Kilometer, dann war Lindau erreicht. Bei einem Spaziergang auf der Strandpromenade warf er das Handy im hohen Bogen in den Bodensee. Es hatte seine Schuldigkeit getan.

Fessel setzte seine Fahrt fort, bis er schließlich auf einem Campingplatz im Elsass einen ruhigen Standplatz für sein Gefährt fand. Nachdem er eine Flasche Rotwein geleert hatte, streckte er sich auf seinem Bett aus und schlief 24 Stunden am Stück.

Q

Zur gleichen Zeit in New York.
In einem Geschäftshaus in der 5th Avenue, saßen fünf äußerst vornehm gekleidete Herren, im Alter zwischen 40 und 70 Jahren, in einem großen Raum beim Dinner.
„Meine Herren, haben sie schon Tokyo, Singapur London und Frankfurt informiert?", fragte der am Kopfende des Tisches sitzende. Die Runde nickte ihrem Boss zu.
„Ich wünsche eine klare Antwort. Schließlich hat die Geschichte eine gewisse Brisanz. Also"?
„Wir haben sofort nachdem wir erfahren haben, dass das Frankfurter Treffen ohne Angabe von Gründen geplatzt war, unsere Verbindungsleute in den genannten Städten gewarnt. Darüber hinaus haben wir noch ein paar andere Leute, die in diesem Zusammenhang für uns wichtig sind gebeten, im Moment still zu halten. Sie wissen wen ich meine", führte der Jüngste der Tischrunde aus.
„Gut, was wurde veranlasst um zu erfahren, warum das letzte Treffen nicht stattgefunden hat"?
„Unser Kontaktmann in Frankfurt hat vom letzten Überbringer, nennen wir ihn Mister X, der ja nicht unser eigentlicher Lieferant war, ein Phantombild anfertigen lassen. Er ist guten Mutes den Gesuchten damit bald ausfindig zu machen", führte ein glatzköpfiger Mittfünfziger aus, der gelassen an seiner Zigarre zog.
„Wer weiß eigentlich etwas über den Verbleib unseres eigentlichen Lieferanten?", bohrte der Wortführer weiter.
„Es wird gerade versucht die Position des Handys, welches unsere Mails empfangen hat, zu orten. Wenn wir darüber den Besitzer ermitteln wissen wir auch Bescheid, ob unser eigentlicher Lieferant wieder zur Verfügung steht oder verschwunden ist. Im zweiten Falle stellt sich die Frage, wer seinen Platz eingenommen hat. Bis jetzt besteht immer noch die Möglichkeit, dass unser Mann lediglich einen Unfall hatte und deshalb verhindert war."

„Das wäre zu schön um wahr zu sein. Weiter!", ließ der Chef nicht locker,
„wie sieht es mit den Banktransaktionen aus? Lassen sich mit unseren Verbindungen nicht die dazugehörigen Konten ermitteln? Wir kennen die genauen Stückzahlen um die es geht und die exakten Orderzeiten. Da müsste doch in den Büchern der Broker etwas zu finden sein. Dann ein Rückverfolgen zur Bank und schließlich zum Kunden. Ich kann mir kaum eine leichtere Übung vorstellen".
Fragend und gleichzeitig fordernd schaute er in die Runde.
„Das wird sich schwieriger gestalten, als es auf den ersten Blick aussieht", schränkte ein hagerer Mann neben ihm ein.
„Wir dürfen schließlich bei unseren Recherchen nicht auffallen, damit daraus keine Schlüsse gezogen werden können, die uns nicht gefallen. Trotzdem sind wir mit der gebotenen Vorsicht dabei in dieser Richtung nachzuforschen".
„Meine Herren, wir dürfen diese Situation nicht auf die leichte Schulter nehmen, deshalb erkläre ich unsere Runde zu einer Art Krisenstab, der so lange tagt, bis wir Gewissheit und schließlich die Angelegenheit bereinigt haben. Wir treffen uns zu jeder geraden, vollen Stunde, hier in diesem Raum. Das nächste Mal in eineinhalb Stunden, also um 14.00 Uhr. Da wir weltweit operieren, richten sie sich darauf ein, dass dies auch für die Nachtstunden gilt."

Q

Mein lieber Mann, da wurde dem Makler sicher bald richtig eingeheizt. Bei diesen feinen Herrschaften, die sich da gerade trafen, konnte es sich nur um ein auf den Finanzmärkten weltweit operierendes Syndikat handeln. Der Lektor kratzte sich am Hinterkopf, während er sich in seinem Stuhl zurücklehnte. So wie die Leseprobe endete war nicht damit zu rechnen, dass die Story für den Makler gut ausging. Oder konnte der Immobilienmensch, entgegen aller Erwartungen, weiterhin seinen Kopf aus der Schlinge ziehen. Bisher reagierte er relativ clever, das musste man ihm lassen. Wenn ihn aber irgendwann diese zweifellos mächtige Organisation am Haken hatte, wäre ihm dann vielleicht alles egal? Man konnte nie wissen wozu ein Mensch fähig war, der in die Enge getrieben wurde. Mutierte er dann unter Umständen zum Zombie, der sich zum finalen

Akt seinen Banker, der ihn ruiniert hatte und für alles was danach passierte eigentlich verantwortlich war, ordentlich vornahm? Dass Blut fließen würde war auf jeden Fall wahrscheinlich.

Sternheim hegte gewisse Sympathien für Fessel, das gestand er sich ein. Ein guter Ehemann der versuchte, seine begangenen Fehler mit großem persönlichem Einsatz und Esprit wieder gut zu machen, hatte seine Achtung verdient. Der war doch ein ganz anderes Kaliber als dieser harmlose Handwerker mit dem ausgekochten Känguru. Mit dem Lottogewinner in seiner Garage zu vergleichen, wäre völlig unpassend. Trug doch dieser zur Verbesserung seiner Situation gar nichts bei.

So gesehen gab es für Fessel sicher so etwas wie eine Außenseiterchance. Es bestand durchaus die Möglichkeit, dass das Notizbuch, welches sich immer noch in seinem Besitz befand, eine nicht unwesentliche Rolle spielte. Vielleicht wurde es ihm aber auch zum Verhängnis. Der Immobilienmakler würde bestimmt bis zum Ende kämpfen.

Der Lektor war nach den gelesenen Zeilen froh, dass er mit dieser ganzen verdorbenen Bankenwelt nur am Rande zu tun hatte. Sein monatliches Salär abholen, darauf wollte er seine Bankkontakte auch in Zukunft beschränken. In seinem tiefsten Inneren wehrte er sich deshalb dagegen weiteren Einflüssen dieser Art, auch wenn sie ihn nur in Manuskriptform erreichten, ausgesetzt zu sein.

Schade für den Autor, aber der sollte in seinem nächsten Werk diesen Fessel, der dem Lektor nicht gänzlich aus dem Kopf ging, mit einer anderen Rolle betrauen.

Die Auswahl des Korbes, in den die Arbeit sogleich wandern würde, war getroffen.

„Wertvolle Fracht"

„Arthur, sie warten hier auf mich im Wagen! Besser ich kümmere mich selbst um diese Angelegenheit".

„Aber Frau Gräfin, hier darf ich nicht parken", antwortete eine besorgte Stimme.

„Dann drehen sie eben ein paar Runden, bis ich wieder zurück bin".

„Sehr wohl gnädige Frau".

Die so angesprochene Gräfin zu Blankenstein war aus dem Bentley ausgestiegen und ging erhobenen Hauptes auf die Abflugshalle des Flughafens München, Terminal 2, zu. Drinnen ließ sie sich den Weg zum Ticketschalter weisen, den sie darauf zielstrebig ansteuerte. Ein Gang, den sie normalerweise beauftragte. Aber in diesem besonderen Falle! Widerwillig stellte sie fest, dass sie an dem einzigen besetzten Schalter nur die Dritte in der Reihe war. Unangenehm! Sogar äußerst unangenehm diese Warterei. Schließlich hatte die Gräfin noch andere Aufgaben. Aber um diese wollte sich die Adelige unbedingt selbst kümmern. Sozusagen ein persönliches Anliegen, welches man keinem Dritten anvertraute.

„Was kann ich für sie tun", fragte endlich die freundliche Groundhostess.

„Ich möchte von Bellinghausen mit der Nachtmaschine nach New York schicken. Verkaufen sie mir bitte ein Ticket", antwortete die Gräfin bestimmt.

„Sehr gerne. In welcher Klasse möchte Herr oder Frau von Bellinghausen reisen? First, Business, oder Economy"?

„Es handelt sich weder um einen Herrn, noch um eine Dame. Gernolf von Bellinghausen der Dritte ist ein mehrfach ausgezeichneter Schäferhund. Er hat international anerkannte erste Preise bei den Hundeausstellungen in Rom, Paris und Genf gewonnen. Ich bin dabei ihn nun zur größten Rassehundeschau der Welt in New York zu schicken".

„Da sind sie leider bei mir falsch. Wir befördern Hunde nur in der Fluggastkabine, wenn sie von einem Passagier begleitet werden und sehr klein sind. Einen Schäferhund könnten wir nicht akzeptieren, auch wenn er begleitet wäre".

„Aber Bekannte sagten mir, dass sie mit ihrem Hund geflogen wären", so schnell wollte sich die Gräfin nicht geschlagen geben.

„Wie schon gesagt, ein kleiner Hund in Begleitung wäre durchaus möglich, aber in ihrem Falle sollten sie sich an unsere Frachtabteilung wenden. Es ist erst 15.00 Uhr. Der Flug nach New York startet um 20.00 Uhr. Also zeitlich kein Problem", die Dame des Bodenpersonals lächelte freundlich.

„Was bilden sie sich eigentlich ein", begehrte die abgewiesene Kundin auf, „sie können doch dieses Tier bester Abstammung nicht als Fracht deklarieren. Das ist doch wohl das Letzte"!

„Seien sie ganz unbesorgt meine Dame", beschwichtigte die Airlineangestellte, „mit unserer Gesellschaft sind schon die bekanntesten Tiere geflogen und wohlbehalten an ihrem Ziel angekommen".

„So? Was habe ich dann ihrer Meinung nach zu tun"?

Höflich wurde Frau zu Blankenstein der Weg zur Frachtabteilung der Fluggesellschaft erklärt.

Q

Derweil drehte Arthur mit einem eher gelangweilten Rassehund auf der Rückbank des Wagens, dem eigentlichen Verursacher dieser Umstände, bereits die fünfte Runde um den Flughafenkomplex. Als er diese beendet hatte, wartete die Gräfin bereits gewohnt ungeduldig auf ihn. Es gab Tage, da konnte man nichts richtig machen, dachte sich der Chauffeur.

„Endlich kommen sie", tönte seine Chefin etwas quengelig, während sie in den Wagen einstieg, „fahren sie schon weiter zur Frachtannahme"!

Auf Arthurs fragenden Blick, bemüßigte sich die Gräfin, ihm den Weg dorthin zu beschreiben. Nach kurzer Fahrt war das Ziel erreicht.

„Parken wir dort", wies sie ihren Fahrer an, „diesmal werden sie mich mit Gernolf begleiten".

Nachdem der Wagen abgestellt war, legte Arthur dem Hund die Leine an und folgte der Dame in das vor ihnen liegende Gebäude zum Frachtschalter. Dort herrschte zu dieser Tageszeit wenig Betrieb. Frau zu Blankenstein wurde prompt bedient.

„Die nötigen amtsärztlichen Papiere sind alle in Ordnung", wurde ihr versichert, „sie müssen nur noch einen Hundekäfig für den Transport kaufen, falls sie nicht schon einen besitzen".

„Gernolf von Bellinghausen der Dritte soll also ihrer Meinung nach in einen Käfig gesperrt auf Reisen gehen. Junger Mann, wissen sie überhaupt was für einen Hund sie da vor sich haben"?

Es folgte eine ellenlange Aufzählung des Stammbaumes und der bereits gewonnenen Preise und Auszeichnungen. Der so gepriesene

saß währenddessen eher gelangweilt, gähnend mit weit
aufgerissenem Maul, neben Arthur auf dem Fußboden vor dem
Abfertigungsschalter. Trotz seiner Klasse war ihm anzumerken, dass
er nicht die geringste Ahnung davon hatte bald auf Reisen zu gehen.
Oder war das in seinem Falle eine Art von adeliger Gelassenheit.
Wie auch immer.
Seine Herrin wurde schließlich davon überzeugt, den größten und
komfortabelsten Käfig zu erstehen, die nötigen Frachtpapiere zu
unterschreiben und den Reisepreis zu bezahlen. Abholer des Tieres
würde ein Herr von Longley in New York sein. Ein alter Bekannter
der Familie und ebenfalls Hundefreund. Dieser würde bei Ankunft
des Flugzeuges in New York sofort telefonisch verständigt, wurde
der Gräfin auf wiederholte Nachfrage mehrmals versichert.

Gernolf zu Bellinghausen der Dritte, nahm Platz im Hundekäfig, als
ob er dies jeden Tag tun würde. Die Gräfin war in diesem Moment
richtig stolz auf ihn. An diesem Tier konnte sich wirklich mancher
Mensch, der sich angstschlotternd am Flughafen von seinen
Angehörigen trennte, ein Beispiel nehmen.
Man verabschiedete sich kurz vom Hund mit einem „toi, toi, toi",
welches sich weniger auf die anstehende Reise, als auf den
erwarteten Erfolg bei der Hundeausstellung bezog.
„Ach Arthur, warum muss immer alles so kompliziert sein", sagte
die Gräfin im Fond des Wagens sitzend auf dem Heimweg nach
Bogenhausen, „wir haben doch tatsächlich mehr als zwei Stunden
unserer Zeit für diese Aktion erübrigen müssen. Fahren sie etwas
schneller, mein Teekränzchen wartet sicher schon".
Der Chauffeur beschleunigte das Tempo des Wagens mäßig. Bis
zum Anwesen der von Blankensteins waren es nur noch dreißig
Kilometer, da konnte man bei diesem Verkehr sowieso nicht viel
Zeit gewinnen.

Q

Es war gegen 17.00 Uhr als der Rassehund von einem mürrischen
Lagerarbeiter in seinem vorübergehenden zu Hause in die Lagerhalle
verbracht wurde. Ein paar seiner Kollegen lasen den Namen des
Hundes auf den Begleitpapieren. Dies löste unter ihnen ein großes

Gelächter aus. Zweifellos merkte Gernolf irgendwann, dass er damit gemeint war, denn er zog den Schwanz ein und fing zu knurren an. Zum Bellen schien ihm die Situation noch nicht geeignet. Als dann aber immer wieder irgendwelche gewöhnlichen, nach Bier riechenden Gesichter vor seinem Käfig auftauchten und ihn mit seinem Namen ansprachen, war es so weit. Bellinghausen machte seinem Namen alle Ehre. Er fing so fürchterlich zu bellen an, dass schließlich der Vorarbeiter Müller veranlasste, ihn bis zum Abflug in die hinterste Ecke des großen Lagers zu verbringen.

„Ich glaube der adelige Köter hat sich endlich beruhigt", stellte der gleiche Mann eine Viertelstunde später zufrieden fest, „oder hört ihn noch jemand Bellen"?

Seine Mitarbeiter gaben ihm lachend recht. Die Freude währte allerdings nicht lange.

„Chef, ich glaube wir haben ein Problem", stellte kurz darauf ein Arbeiter fest.

„Was gibt's Bernd"?

„Der Käfig von dem von Bellinghausen ist leer. Der Hund hat sich frei gebissen".

„Sag das noch mal"!

„Stimmt wirklich Chef"!

Müller fing in Richtung Hundekäfig immer schneller werdend zu laufen an. Diese verfluchte Töle war tatsächlich weg.

„So ein Drecksvieh!", der Vorarbeiter war außer sich. Erst machte dieser Hund einen Krach, dass man nicht mehr arbeiten konnte und nun war er auch noch verschwunden.

„Sofort die ganze Lagerhalle absuchen. Hoffentlich finden wir ihn, sonst ist die Kacke am dampfen"!

Jeder Winkel des großen Raumes wurde genauestens durchsucht. Keine Spur von Gernolf.

Müller war klar was dies bedeutete. Ihm stand der Schweiß auf der Stirn. Er musste umgehend die Verkehrsleitung des Flughafens benachrichtigen, denn die Wahrscheinlichkeit war groß, dass sich der Hund durch das Frachttor auf das Vorfeld des Airports davongemacht hatte. In diesem Falle wurde der Flugbetrieb gefährdet. Die Flughafenverantwortlichen würden deshalb alles was vier Räder hatte bitten, also Polizei, Feuerwehr, den eigenen Sicherheitsdienst die Vorfeldkontrolle und einige mehr, diesen Hund zu suchen und schnellstmöglich zu finden. Dass Gernolf wahrscheinlich seinen Flug und damit die Hundeausstellung in New

York verpassen würde, wurde Müller nun auch bewusst. Aber das war das kleinere Problem.

Müller griff zum Telefon und gab die sogenannte Alarmmeldung weiter. Kurze Zeit darauf überzogen Funksprüche und Telefonate den ganzen Flughafenkomplex. Ein Gernolf von Bellinghausen würde auf dem Vorfeld gesucht. Nicht jedem Kommunikationsbeteiligten war in der ersten Phase der Suche bewußt, dass es sich um einen Hund handelte. Deshalb gab es auch die unterschiedlichsten Beschreibungen des Gesuchten. Schließlich war es allen Involvierten klar worum es in Wirklichkeit ging. Schnell fahrende Fahrzeuge mit blinkendem Blau- und Gelblicht, deren Insassen konzentriert das große Gelände beobachteten, dominierten nach kurzer Zeit das Bild des gesamten Geländes.

Der Frachtleiter persönlich, war inzwischen im Lager eingetroffen und ließ sich vom Vorarbeiter über die aktuelle Situation informieren. Dieser schilderte kleinlaut den Sachverhalt.
„Eins kann ich ihnen versichern Herr Müller, wenn dieser Hund nicht heute Abend auf dem für ihn bestimmten Flieger sitzt, stehen unsere Namen morgen in der Zeitung. Das wäre für uns beide nicht gut. Verstehen wir uns"?
„Sicher Herr Liebhart, aber".
„Nichts aber! Überlegen sie doch, bei der Abstammung von Tier und Besitzer"!
Mit diesen Worten ließ er Müller stehen und zog sich für eventuelle Rückfragen in sein Büro zurück.

Q

Zur gleichen Zeit entdeckte ein Feuerwehrmann nahe einer Baustelle an der Startbahn Süd, einen Lastwagen der Kies transportierte. Er traute seinen Augen nicht. Auf dem Beifahrersitz des Kieslasters saß ein Schäferhund. Das Baustellenfahrzeug wurde gestoppt, der Fahrer befragt, wo er den Hund her habe. Dieser sei ihm vor kurzem zugelaufen, gab der Fahrer zu. Der Ausreißer wurde in das Feuerwehrauto verfrachtet und sofort zur Frachtabteilung gebracht.

Es war 19.15 Uhr. Die Abenddämmerung hatte bereits eingesetzt, als Müller den Hund in Empfang nahm. Dieser sah etwas ungepflegt und auch keineswegs reinrassig aus. Irgendwas stimmte mit dem Aussehen des Tieres nicht. Aber nachdem dieses auf einer Baustelle gefunden wurde, durfte es schon etwas mitgenommen wirken. Müller dachte an die Worte seines Chefs und schob im gleichen Moment alle Bedenken zur Seite. Der Hund ließ sich ohne weiteres in seinen Käfig einsperren. Mit einem starken Draht wurde die Tür seines Zwingers zusätzlich gesichert.

Der Lagerchef sah dem Fahrzeug nach, das diese komplizierte Sendung in letzter Minute zum Flugzeug brachte. Er griff zum Hörer und erstattete seinem Chef erleichtert Meldung. Dieser wollte für Rückfragen der an der Suche beteiligten Behörden und Dienste, noch mindestens zwei Stunden in seinem Büro am Flughafen bleiben.

Q

Eine Viertelstunde später hatte das Flugzeug nach New York abgehoben.
Müller öffnete eine Bierflasche und prostete seinen Mitarbeitern zu, als ob er etwas zu feiern hätte.

Gegen 21.00 Uhr klingelte im Frachtleiterbüro das Telefon.
„Liebhart, wie kann ich ihnen helfen"?
„Ich werde ihnen gleich helfen", meldete sich eine mehr als aufgebrachte Damenstimme, „stellen sie sich vor, ich begleite gerade die Damen von Stolzenberg und Meyer-Damm nach unserer Soirée aus unserem Haus zu ihren Fahrzeugen, da steht plötzlich winselnd und vollkommen verdreckt unser Gernolf vor mir".
Die Dame am anderen Ende der Leitung rang vor Aufregung sichtlich nach Atem, während sich Liebharts Nackenhaare langsam zu sträuben begannen.
„Wenn ich sie richtig verstanden habe",
„lassen sie mich bitte ausreden", unterbrach die Gräfin den Frachtchef, der inzwischen tief in seinen Sessel gerutscht war.
„Ihre Gesellschaft beschäftigt mich heute über zwei Stunden am Flughafen. Schließlich lasse ich mich überreden unseren äußerst wertvollen Gernolf zu Bellinghausen ihrer Airline anzuvertrauen.

Anstatt dass er auf dem Weg nach New York ist, läuft er mir wieder
zu. Stellen sie sich vor, was alles hätte passieren können. Das arme
Tier hat eine Strecke von über dreißig Kilometer bewältigt. Was
muss man ihm bei ihnen angetan haben, dass er dies alles auf sich
nahm. Sie dagegen hielten es anscheinend nicht einmal für
notwendig mich über die Vorgänge in ihrem Hause zu unterrichten.
Sie brauchen dies auch jetzt nicht tun. Ihre Erklärungen können sie
sich für unsere Rechtsanwälte aufheben".
Frau Gräfin hatte aufgelegt.

Q

Sternheim hatte bereits nach der Einleitung der Erzählung zur
Wodkaflasche gegriffen. Warum musste dieser Freitag so enden?
War er nicht erschöpft genug. Ausgerechnet noch eine
Hundegeschichte! Der Lektor raufte sich verzweifelt das Haar. Oder
hatte er selbst diese Geister durch seinen Vorschlag in der
Lektorenkonferenz gerufen? War dies gar schon eine Geschichte für
den Wettbewerb? Das konnte nicht sein! Man hätte ihn über den
Start und die Modalitäten informiert.

Am Beginn dieser Woche, diese unter schlimmsten sozialen
Verhältnissen lebende Kreatur, Cäsar. Dieser schlug sich trotz seiner
körperlichen Unzulänglichkeiten tapfer durchs Leben.
Wahrscheinlich wurde er gerade in einer Spezialausbildung gegen
Schwarze scharf gemacht. Allein dieser Hund und die
Begleitumstände hatten ihm einige unangenehme Begegnungen und
schlechte Träume eingebracht.
Nun kam als Kontrapunkt dieser Gernolf von Bellinghausen der
Dritte daher. Eine total überzüchtete, degenerierte Kreatur, die es
nicht einmal zu schätzen wusste, dass ihn seine Herrschaft sogar per
Flugzeug auf Reisen schickte. Einmal von einem Lagerarbeiter blöd
angeredet worden und schon dermaßen in seiner Ehre gekränkt, dass
ihm nichts anderes einfiel, als erst durch sein Gebelle das ganze
Frachtlager verrückt zu machen, um dann auch noch auszureißen.
Stellte sich die rein hypothetische Frage was denn wohl passieren
würde, wenn sich diese beiden Hunde einmal zufällig begegnen
würden?

Sternheim lächelte plötzlich vor sich hin.
Wahrscheinlich würde Cäsar den Adeligen mit einem kräftigen Furz
verscheuchen und dann seines Weges gehen. Während die Gräfin
anschließend ihren Seriensieger zum Tierpsychiater bringen durfte.
Weiterer Gedanken die sich dem Lektor zu dieser Leseprobe
aufdrängten bereitete er für den Moment den Garaus, indem er fast
angewidert die vor ihm liegenden Seiten in den Absagekorbkorb
warf.

Auf dem Weg zu seiner Gaststätte, in der Sternheim wie jeden Tag
sein Abendessen zu sich nehmen wollte, sah er sich immer wieder
misstrauisch um. Seine Erfahrungen auf diesem Weg waren in der
letzten Zeit nicht die Besten. Hunde, die einem zwischen die Beine
liefen, fremde Menschen, die meinten einen dauernd ansprechen zu
müssen. Sogar einem Überfall war er neulich ausgesetzt.
Einen letzten, prüfenden Blick auf die Straße werfend, betrat er
endlich sein Lokal. Freitags gab es immer Rotbarschfilet mit
Kartoffelsalat und Remouladensoße. Dazu ein Glas Weißwein. Eine
Flasche Mineralwasser zu diesem Gericht war obligatorisch, denn
Fisch musste bekanntlich schwimmen.
Sein Mahl verlief ohne Störungen. Die Rechnung war beglichen. Der
Lektor freute sich auf seinen Bordeaux in Ernies Bar.

Q

Freitagabend, nach 21.00 Uhr, betrat Sternheim sein bevorzugtes
Lokal. Es war wie immer an diesem Wochentag sehr gut besucht.
Die Gäste stimmten sich auf das Wochenende ein. Der Lärmpegel
war schon ziemlich hoch, als sich der Lektor durch die Besucher
zwängte, um zu seinem Platz zu gelangen. Dieser war Dank der
Fürsorge des Gastwirts noch frei. Bevor sich Sternheim setzen
konnte, stand auch bereits sein Rotwein bereit. Der aufmerksame
Wirt hinter der Theke nickte ihm zur Begrüßung zu. Sein Gast nahm
dies nur am Rande wahr. Er war froh, es am Ende dieser
Arbeitswoche, doch noch bis hierher geschafft zu haben. Die
vergangenen Tage hatten viel Kraft und vor allem Nerven gekostet.

Der erste Schluck Rotwein bekam ihm, sodass er sofort noch einen nahm. Nachdem das erste Glas geleert und sein guter Geist nachgeschenkt hatte, begann er sich allmählich zu entspannen. Direkt vor ihm, in seinem Blickfeld, kritzelte gerade der Barchef eine Notiz auf einen Zettel und reichte diesen einem Gast. Diese halb im Unterbewusstsein wahrgenommene Handlung, führte Sternheim gedanklich zu Fessel und seinem Notizbuch zurück. Dieses würde sehr wahrscheinlich zu seinem Verhängnis werden. Persönliche Aufzeichnungen waren grundsätzlich verfänglich. Der Lektor erinnerte sich nun auch an seine Notizen, die er immer vor dem zu Bett gehen machte. Glücklicherweise vernichtete er diese jeden Morgen. Aber ein Einbrecher konnte natürlich nachts, ohne sein Einverständnis einzuholen, Einblick in seine Gedanken gewinnen. Ein unangenehmes Gefühl beschlich Sternheim. Vor ihm erschienen dabei Gestalten, die ihn mitten in der Nacht nach Hause begleiten wollten, oder sogar unter der Vorgabe von fadenscheinigen Argumenten, bis in seine Wohnung vorgedrungen waren. Menschen dieses Schlages könnten zweifellos an Hand seiner Notizen, Einblick in sein Schaffen und Denken gewinnen und unter Umständen sogar Kapital daraus schlagen. Und dies, obwohl seine kurzen Aufzeichnungen nur für eine Nacht zur Verfügung standen. Wollte er das? Sternheims Nerven vibrierten. Was man doch alles Bedenken musste. Doch Gott sei Dank verfügte er aufgrund seines angelesenen Wissens über Erfahrung genug, um sofort die richtige Schlussfolgerung zu ziehen.

„Die können hinter mir her sein wie sie wollen", sagte der Lektor leise vor sich hin, „meine hart erarbeiteten Erkenntnisse stiehlt mir niemand"!

Ab sofort waren damit Notizen in Sternheims Wohnung passé. Sein vor sich hinmurmeln, hatte der aufmerksame Wirt als eine weitere Order verstanden. Ein volles Glas Bordeaux wurde neben das noch nicht ganz ausgetrunkene gestellt. Die Anwesenheit des Barchefs nutzte ein Gast der in seiner Nähe saß, um einen Schuhkarton auf die Theke zu stellen, diesen zu öffnen und den Kneipier nach seiner Meinung über den Inhalt mit den Worten, „hab' ich mir eben gekauft, sind die nicht schön?", zu fragen. Der so Gefragte, nahm die Schuhe aus dem Karton und begutachtete sie interessiert von allen Seiten. Schließlich gehörte es auch zu seinen Aufgaben die Gäste bei Laune zu halten.

„Sehr schön gearbeitet", stellte er fest, „waren bestimmt nicht billig. Wenn sie so passen, wie sie aussehen, kann ich sie nur zu diesem Kauf beglückwünschen".

„Ach wissen sie", antwortete der Gast, „bei mir ist Schuhkauf eine reine Gefühlssache. Manchmal muss ich einfach ein paar Schuhe kaufen die mir gefallen und trage sie dann kaum".

„So hat eben jeder sein Hobby. Aber wie gesagt", meinte der Wirt, die Halbschuhe aus Wildleder immer noch prüfend in den Händen haltend, „zweifellos ein schönes Steckenpferd, wenn man es sich leisten kann".

Allmählich war dieser Dialog bis zu Sternheim vorgedrungen. Mit fahriger Hand griff er zum Weinglas.

Erst diese Notiz, nun diese Schuhe! Durfte er denn nie zur Ruhe kommen? War das noch Zufall, oder was ging hier vor? Sternheim musterte den Schuhfreund genauer. War der nicht so um die 65 Jahre alt? Konnte denn sein, dass,......?

„Wo haben sie die denn gekauft?", hörte er sich fragen.

Der Gastwirt verfolgte misstrauisch diese Frage und runzelte auf die Antwort wartend sorgenvoll seine Stirn. Bisher hatte es immer Komplikationen gegeben wenn der Lektor von sich aus zu sprechen begann.

„In einem alteingesessenen Schuhgeschäft in der Bahnhofstraße", kam die prompte Antwort.

Sternheim wurde leicht übel. Er hielt sich mit beiden Händen an der Theke fest, um nicht seine innere wie äußere Balance zu verlieren. Warum musste dieser durchgeknallte Beamte gleich nach seiner Genesung wieder losziehen und Schuhe kaufen? Da hatte ihn seine Nichte nicht gut beraten. Anstatt seiner Angebeteten endlich den Hof zu machen, kaufte er weiter Schuhe, die er nun auch noch ausgerechnet in seiner Lieblingsbar, vorführen musste. Nachdem er sich gegenüber seiner Verwandten als Schuhfetischist geoutet hatte, meinte der Pensionist nun anscheinend, mit seinem Fimmel in die Öffentlichkeit gehen zu können.

„Das grenzt an Exhibitionismus", murmelte Sternheim in sein Weinglas, welches er mit einem tiefen Zug leerte. Danach etwas lauter, „haben sie nichts Anderes zu tun, als dauernd Schuhe zu kaufen"?

Der so angesprochene Gast schaute überrascht und bestürzt zugleich, während der Barmann sich straffte, seine hab Acht Position einnahm und feststellte, dass man nun wirklich genug von den Tretern gesehen hätte.

„Gut, wenn sie meine Schuhe nicht interessieren", bemerkte Sternheims Nachbar, zögerlich seinen Einkauf verräumend.

Der Wirt atmete tief durch. Noch einmal gut gegangen dachte er bei sich. Doch Sternheims immer blasser werdendem Gesicht konnte er ablesen, dass er sich wohl zu früh gefreut hatte und neues Unheil im Anmarsch war. Des Lektors jetzt fast irrer Blick, war erkennbar nicht mehr auf den unglücklichen Schuhkäufer gerichtet, sondern konzentrierte sich nun auf das Ende der Theke. Nicht mehr des Sprechens mächtig, seinen Mund sprachlos weit aufgerissen, deutete er mit dem Zeigefinger seiner rechten Hand auf einen Mann, der eine Kängurumaske trug.

„Ach der, hat längere Zeit in Australien gelebt und von dort diese Maske mitgebracht. Im Karneval kann man die schon mal tragen", erklärte der Barmann.

Sternheim schüttelte den Kopf. Sein Körper war schweißbedeckt. Eine Schwüle, wie in Singapur. Dann dort! Zwei händchenhaltende Homosexuelle, in der Mitte der Theke, die ihn anscheinend interessiert beobachteten, flankiert von zwei Freudenmädchen, wie es schien, von einem untersetzten Unternehmertyp begleitet.

Er konnte dem Barchef nicht glauben, der gerade damit beschäftigt war, seine „Lieblingsmusik", dieses Gitarrenstück, aufzulegen, um die Situation zu entspannen. Es waren einfach der Zufälle zu viele. Er beobachtete mit heraustretenden Augen und geschwollener Zornesader wie sich das Känguru gerade einen doppelten Whisky hinter die Binde kippte und dabei seinem Nachbarn, bestimmt dieser arbeitslose Werkzeugmacher, kumpelhaft auf die Schulter schlug. Der wiederum sah dabei gar nicht glücklich aus.

„Ist doch auch klar", schrie Sternheim deshalb laut auf, „wie kann man einem Känguru auch so auf den Leim gehen. Erst alles für dieses tun und dann ausgenutzt werden. Von wegen Gold in Australien! Ein billiger Vorwand, um diesen Unglücksraben da auszunehmen"!

In seiner näheren Umgebung wurde es ganz still. Ein zweifellos adeliger Herr, der sich mit einem Airlineangestellten in Uniform unterhielt, verstummte ebenfalls und rückte irritiert sein Monokel zurecht.

Die buchstäbliche Ruhe vor dem Sturm dachte sich der Wirt. Mit zittriger Hand füllte er des Lektors Glas nach, bis es fast überlief. Ein letzter verzweifelter Versuch den sich anbahnenden Ärger aufzuhalten. Allein es war zu spät.

Sternheims Nachbar hatte nichts Gutes ahnend, seinen Schuhkarton fest unter seinen rechten Arm geklemmt. Doch weder er, noch der Karton, befand sich im Moment im Fokus des Lektors, als dieser sich langsam erhob und durch den Raum zum anderen Ende der Bar zu gehen begann.

Wie in „High Noon", ging es dem Gastwirt durch den Kopf. Zu einem weiteren Gedanken, oder gar einer Reaktion, war er nicht mehr fähig.

Der Lektor hatte sich inzwischen wie ein Racheengel hinter das Känguru gestellt, welches ihn gar nicht beachtete. Bis es schließlich von ihm laut angesprochen wurde.

„Ich werde dafür sorgen, dass sie wieder in ihren Zoo verbracht werden. Was zu viel ist, ist zuviel! Betrügerische Wesen wie sie muss man einfach wegsperren"!

„Du ich glaube der meint dich", lallte der neben dem so Angesprochenen mit schwerer Zunge.

„Was will der von mir? Ich bin doch nur ein braves Känguru", sagte dieser lachend, während er sich Sternheim zuwandte.

„Sie brauchen sich gar nicht verstellen, ich habe sie längst durchschaut!", der Lektor konnte kaum noch an sich halten, „sie sind das entflohene Känguru! Sie haben sicher ihren Schwanz in ihrer Hose versteckt. Ich werde sie entlarven"!

„Warum soll der keinen Schwanz in der Hose haben?", fragte ein tätowierter Typ mit Muscleshirt, der in der Nähe stand, interessiert. Auch der noch, durchzuckte es Sternheims Kopf. Eine Verschwörung! Sie waren alle da! Trotzdem, die Sache mit dem Känguruschwanz musste er zu Ende bringen.

Mit ungeahnter Kraft fasste er dem Maskenträger von hinten in den Hosenbund und riss ihm die Hose herunter. Triumphierend wollte er schon schreien, „sehen sie!", aber da war kein Schwanz, der aus dem Steißbein wuchs, zu erkennen. Stattdessen, schwang genau in diesem Moment die Eingangstür der Bar auf. Jemand der sich als Taxifahrer ausgab, trat ein, als der Lektor vom Tätowierten mit der Bemerkung, „du alte Sau, anderen Leuten an den Schwanz wollen!", in den Schwitzkasten genommen wurde.

„Ich soll den Richter abholen", überschrie der in der Tür stehende Chauffeur das allgemeine Durcheinander. Es waren die letzten Worte, die der so gepeinigte Sternheim wahrnahm, während sich die ihn anglotzenden Gesichter ringsherum immer schneller drehten. Dazu diese Musik. Mit Schaum vor dem Mund, ging er in diesem Trubel förmlich unter und sank schließlich ohnmächtig zu Boden.

Q

Der herbei geeilte Notarzt diagnostizierte Erschöpfung und einen Nervenzusammenbruch. Sein Zustand sei aber stabil, versicherte er dem Wirt, während Sternheim auf einer Liege zum Krankenwagen getragen wurde. Auf dem Weg dorthin erlangte der Lektor sein Bewusstsein wieder. Was hatte das alles wieder zu bedeuten, fragte er sich. Desorientiert schaute er um sich. Ein freundlicher dunkelhäutiger Sanitäter beugte sich lächelnd über ihn, „schön, dass sie schon wieder aufgewacht sind".
„Was will der Schwarze von mir?", schrie Sternheim, dann verlor er wieder die Besinnung.

Samstag

„Die Klinik"

Nachdem man den Lektor eine Nacht in der Psychiatrischen Klinik
der Stadt ruhig gestellt hatte, erwachte er am Morgen mit ziemlichen
Kopfschmerzen in einem Zweibettzimmer. Aufstehen konnte er
nicht. Man hatte ihn zu seinem eigenen Schutz ans Bett fixiert.
Eine hübsche Krankenschwester setzte sich zu ihm und versuchte
Sternheim zu erklären weshalb er im Krankenhaus lag. Was sie auch
sagte, sie fand keinen Zugang zu ihm. Ihr Patient zeigte keinerlei
Reaktionen. Deshalb und weil ihr der Mann leid tat, versuchte sie es
schließlich auf sehr persönliche Art.
„Wissen sie, ich gehöre leider zu den Frauen, die ohne Männer nicht
sein können. Nein noch schlimmer! Ich brauche dauernd einen
Mann. Diese Neigung hat mich schon in die größten Schwierigkeiten
gebracht. Einer meiner Liebhaber hielt das nervlich nicht aus.
Verstehen sie, die dauernde Konkurrenz! Ein schreckliches Ende!
Ich will ihnen damit sagen, dass es unterschiedlichste Gründe gibt,
die unsere Psyche schlapp machen lassen. Niemand ist davor gefeit.
Ich wurde nach dieser tragischen Geschichte Krankenschwester".

Sternheims Blick hatte sich während dieser Schilderung der
Schwester zugewandt. Dabei stieg ihm leichter Brandgeruch in die
Nase. Auch die noch! Sein Gesicht fing an zu zucken. Seine
Pflegerin deutete dies irrtümlich als erste positive Reaktion auf ihre
Erzählung. Deshalb fuhr sie ermutigt fort.
„Schauen sie, der Mann im Nachbarbett, Herr Meier, hat einige
Millionen im Lotto gewonnen. Normalerweise freut man sich
darüber. Aber er! Da liegt er nun".
Der Lottogewinner machte das Maß voll. Der Moment war
gekommen, an welchem Sternheim zu Schreien anfing und nicht
mehr aufhörte. Egal was man ihm einflößte oder injizierte, nichts
half sofort. Deshalb wurde er in ein Einzelzimmer verbracht und dort
endgültig ruhig gestellt.

Am Abend besuchte ihn der behandelnde Psychiater, Dr. Vollmer. Er fand einen Patienten vor, der noch halb ohnmächtig vor sich hindümpelte und nicht wusste wie ihm geschah.

„Wie ich sehe geht es ihnen schon besser Herr Sternheim. Zumindest haben sie sich beruhigt. Anscheinend sind sie total überarbeitet. Immer überkorrekt, wie ich sie einschätze".

Der weiße Kittel des Arztes. Der monotone Singsang seiner Stimme. Schließlich das Wort überkorrekt, holte den Lektor in seine limitierte Realität zurück. Seine Augenlider begannen zu flackern. Der Doktor registrierte aufmerksam dieses Lebenszeichen.

„Sie sind zweifellos auf dem richtigen Wege", fuhr er deshalb fort, „ich lasse sie jetzt alleine. Schlafen sie gut. Ich bin von einer früheren Patientin heute Abend zu einem Zirkusbesuch eingeladen worden. Morgen erzähle ich ihnen davon. Gute Nacht Herr Sternheim".

Die wüsten Beschimpfungen und Beleidigungen die der Patient nun von sich gab, waren in dieser Wucht vorgetragen, selbst für den hartgesottenen Mann der Medizin ungewöhnlich.

Die schrillen Worte, „falsche Diagnose und nicht korrekt", klangen in ihm noch nach, als er schon im Zirkus saß.

Sonntag

„Der Besuch"

Sternheim war gerade aus einem tiefen Schlaf erwacht. Er fühlte sich gar nicht so schlecht. Nur die Umgebung? Was machte er hier in diesem ganz in weiß gehaltenen Raum?

„Sie haben Besuch, ihr Onkel", hörte er eine weibliche Stimme sagen.

„Was machst du für Sachen?", fragte ihn gleich darauf eine ihm bekannte Stimme. Langsam wendete er dieser seinen Kopf zu. Vor ihm stand ein freundlicher Mann mit einer schwarzen ledernen Aktentasche.

Der Lektor starrte diese gebannt an.

„Ich hoffe du überwindest diese Krise schnell. Deine Idee mit den Hundegeschichten ist ein voller Erfolg. Wir brauchen dich".

Sein Onkel öffnete die Ledertasche.

Notizbuch, Handy oder CDs, was würde zum Vorschein kommen? Stattdessen wurde ein dicker Hefter sichtbar, doch diesen nahm der Neffe nicht mehr wahr. Er hatte sich von seinem Onkel abgewendet und hielt sich die Ohren zu.

„Sieh doch Eckehard, jedes Blatt darin entspricht einer Geschichte. Dabei hatten wir den Wettbewerb erst am Freitag in der Presse publik gemacht".

Der Neffe reagierte nicht.

„Eckehard", probierte es der Verleger noch einmal, bevor er kopfschüttelnd das Krankenzimmer verließ.

Von seinem Verwandten informiert, betrat die Krankenschwester besorgt das Zimmer. Sie fand Sternheim vor, wie es ihr geschildert worden war. Wenigstens schrie er nicht wieder wie ein Wahnsinniger. Die Schwester brachte seine zerknüllte Bettdecke, begleitet von einigen freundlichen Worten, etwas in Ordnung. Der Patient atmete schon wieder ruhig und gleichmäßig. Beim verlassen des Raumes hoffte sie ihm mit ihrer Ankündigung,

„Herr Sternheim, heute Mittag gibt es Brathähnchen, das wird ihnen bestimmt gut tun", eine Freude zu bereiten. Das Ergebnis war leider gegenteilig. Mehrere Pfleger und eine starke Injektion waren nötig um den tobenden Lektor schließlich ruhig zu stellen.

Q

Es war nach 19.00 Uhr. Die Dämmerung war hereingebrochen. Sternheim schien sich mit seiner Situation abgefunden zu haben. Er lag ruhig auf dem Bett und starrte zur Decke. Vor dem Krankenzimmer hatte ein freundlicher rundlicher Mann der Krankenschwester erklärt, dass er ein guter Bekannter des Patienten wäre, mit dem ihn einige gemeinsame Interessen verbänden und er ihn deshalb besuchen wollte. Aufgrund dessen verschwollenem und in allen Farben schillernden rechten Auges, gewährte sie dem Herrn nur zögerlich Zutritt zum Zimmer des Kranken. Vorsichtshalber blieb sie aufmerksam an der Tür stehen und verfolgte gespannt wie Sternheim diesmal reagieren würde.
Der Besucher hatte sich auf einen Stuhl neben des Lektors Bett gesetzt.
„Vielleicht erinnern sie sich", sagte er mit sanfter Stimme.
„Ich bin der, mit dem sie nie sprechen wollten. Woher hätte ich wissen können, wie schlecht ihr Befinden ist. Sie brauchen sich auch weiterhin nicht mit mir zu unterhalten. Mir geht es doch wie ihnen. Ich bin allein. Wenn ich darf, werde ich sie jeden Tag besuchen. Nur bei ihnen sitzen, verstehen sie? Dann sind wir Beide nicht allein. Wäre ihnen das recht"?

Sternheim nickte zustimmend.

Sein Blick folgte dem Besucher, der gerade den Raum verließ.

Die Krankenschwester lächelte zufrieden, als sie bedächtig die große Zimmertür zuzog, so als ob sie ein gutes Buch zuklappte.

Ende

Im BoD-Verlag vom gleichen Autor erschienen:

Eine himmlische Geschichte
Juni 2012
BoD Nr. 933544
ISBN 978-3-8482-0988-0

Achtung Ferien!
Juli 2012
BoD Nr. 936161
ISBN 978-3-8482-1398-6

Herstellung und Verlag:
BoD-Books on Demand, Norderstedt
ISBN: 978-3-8482-1605-5